Black Women

Black Women

Lamuv

herausgegeben von
Heike Brillmann-Ede

Black Women: Der Lamuv Verlag will sich verstärkt den Werken von Frauen, vor allem aus Afrika widmen, ihre Romane, Erzählungen, Autobiografien veröffentlichen.

Black Women: Das sind Bücher, die etwas Neues bieten, die bereichernd sind, die »Altes« aus einer ganz anderen Perspektive beleuchten, möglicherweise dadurch auch »fremd« erscheinen, zugleich »aufregend« sein können oder Verbindendes deutlich werden lassen, wo zunächst Trennendes dominierte.

Black Women: Diese Autorinnen sind hierzulande – Ausnahmen bestätigen die Regel – nur wenigen bekannt. Sie haben es sich verdient, ihre Leserschaft zu finden – ob weiblich oder männlich. Denn: »Ohne die afrikanische Literatur fehlen dem Orchester der Weltliteratur einige wichtige Instrumente.« (Doris Lessing)

Nähere Informationen über unser Programm sind kostenlos erhältlich bei:
Lamuv Verlag, Postfach 26 05, D-37016 Göttingen

Black Women

Neue Literatur aus Afrika

herausgegeben von Yvonne Vera

übersetzt von Heike Brillmann-Ede,
Jutta Himmelreich und Anita Jörges-Djafari

Lamuv Taschenbuch 300

Für Sasa, Koye und Kheti mit Umarmungen

Originaltitel: Opening Spaces
An Anthology of Contemporary African Women's Writing
Zuerst erschienen 1999 bei:
Heinemann Educational Publishers, Oxford (Großbritannien)
und Baobab Books, Harare (Zimbabwe)

Bitte fordern Sie unser kostenloses Gesamtverzeichnis an:
Lamuv Verlag, Postfach 2605, D-37016 Göttingen,
Telefax (0551) 41392
E-Mail info@lamuv.de
www.lamuv.de

01   02   03   04   05   6   5   4   3   2   1

1. Auflage 2001
Deutsche Erstausgabe
© Copyright der Zusammenstellung und des Vorwortes:
Yvonne Vera 1999
© Copyright der deutschsprachigen Ausgabe:
Lamuv Verlag GmbH, Göttingen 2001
Alle Rechte vorbehalten

Umschlaggestaltung: Gerhard Steidl
unter Verwendung eines Fotos von Laurent Monlaü
Gesamtherstellung: Steidl, Göttingen
Printed in Germany
ISBN 3-88977-613-2

Inhalt

Yvonne Vera (Simbabwe): Vorwort
Übersetzt von Anita Jörges-Djafari 7

Ama Ata Aidoo (Ghana): Das Mädchen, das es kann
Übersetzt von Anita Jörges-Djafari 13

Melissa Tandiwe Myambo (Simbabwe):
Die Blätter des Jakarandabaums
Übersetzt von Anita Jörges-Djafari 22

Lindsey Collen (Mauritius): Das Rätsel
Übersetzt von Anita Jörges-Djafari 57

Farida Karodia (Südafrika): Das rote Samtkleid
Übersetzt von Heike Brillmann-Ede 62

Norma Kitson (Südafrika): Onkel Bunty
Übersetzt von Anita Jörges-Djafari 76

Véronique Tadjo (Elfenbeinküste): Der Verrat
Übersetzt von Heike Brillmann-Ede 86

Leila Aboulela (Sudan): Das Museum
Übersetzt von Jutta Himmelreich 91

Ifeoma Okoye (Nigeria): Die Macht eines Tellers Reis
Übersetzt von Heike Brillmann-Ede 117

Lília Momplé (Mosambik): Stress
Übersetzt von Heike Brillmann-Ede 128

Sindiwe Magona (Südafrika): Empörung
Übersetzt von Anita Jörges-Djafari 146

Chiedza Musengezi (Simbabwe):
Die Austauschlehrerin
Übersetzt von Heike Brillmann-Ede 164

Monde Sifuniso (Sambia): Nachtgedanken
Übersetzt von Heike Brillmann-Ede 175

Gugu Ndlovu (Simbabwe): Der Kugelschreiber
Übersetzt von Heike Brillmann-Ede 190

Anna Dao (Mali): Eine perfekte Ehefrau
Übersetzt von Anita Jörges-Djafari 204

Milly Jafta (Namibia): Die Heimkehr
Übersetzt von Heike Brillmann-Ede 228

Über die Autorinnen und die Herausgeberin 232

Danksagung 240

Vorwort

Eine Frau, die schreibt, braucht eine unerschütterliche Phantasie, die neue Götter erfinden und untaugliche verbannen kann.

Ich erinnere mich an eine Szene aus dem Film *Sankofa*, in der eine schwangere Frau auf einer Sklavenplantage zu Tode gepeitscht wird. Die restlichen Frauen, etwa ein Dutzend, schwirren los wie Heuschrecken. Sie sind umgeben von rätselhaften, ohrenbetäubenden Stimmen. Dann kreisen diese Frauen mit eigentlich längst verbrauchter Hoffnung, mit dem Verlangen zu retten und zu befreien, die Verstorbene ein und schützen sie mit ihren Körpern. Diese Geste bedeutet ein hohes Risiko. Da stehen sie zusammen in brodelnder Intimität in diesem dumpfen Land ohne einen Himmel, den sie für sich beanspruchen können, sie erheben ihre Zuckerrohr-Macheten und halten sie in die Luft, salutieren verzweifelt vor ihrer Bestimmung, mit Armen wie abgehackte Äste. Auf diese Weise ermöglichen sie dem Leichnam ein kleines Stück Privatheit, während er Leben zur Welt bringt. Die Bewegungen werden von der Kamera festgehalten, während der Kopf, der jetzt auf dem Boden liegt, in beredtem Schweigen von einer Seite zur anderen rollt, von einer Seite zur anderen.

Diese Frauen erinnern uns in aller Deutlichkeit daran, was eine Frau ist und was ein Mann nicht ist. Die Geburt wird hier zu einem Sonderfall, der die grausamen Bedingungen weiblichen Schmerzes in einer lächerlich erscheinenden, durch und durch verstörenden autoritären Konstellation aufzeigt. Was immer die Frau noch sagen wollte, es starb nicht mit ihr. Stattdessen entdecken wir die erstaunliche Fähigkeit der zum Schweigen Verurteilten, über das Unglück zu triumphieren. Innerhalb dieses unglaublichen Kreises aus erhobenen Armen, die triefen vom süßem Saft des Zuckerrohrs und dem Schweiß der Zwangsarbeit, gelingt den Frauen weinend eine Lobpreisung, die es dem Kind ermöglicht, hervorzukommen, plötzlich Materie, plötzlich Mensch. Die Mutter tot, die versklavten Frauen in einem dichten Netz größter Verzweiflung. Bei dieser Szene wirkt die Leinwand allzu statisch, zu kurz für diesen Höhepunkt des Rituals. Der Betrachter wird in den zitternden Tonfall der Stimmen dieser Frauen versetzt, Stimmen, die so stark und so voll sind, so einzigartig wissend. Nichts ist so offensichtlich wie diese doppelte Unterdrückung. Die *Griot* unter ihnen, die den Geist Afrikas unversehrt in ihrem Mund trägt, ruft alle Geschichten aus der Welt der Frauen an. Ihre Augen schwimmen in Tränen – selbst wahnsinnige Mimikry und Lied, klammert sie sich an ihre eigene geistige Gesundheit wie an eine tote Wurzel. Wie beim Schreiben wird auch im Kino manchmal in einem einzigen Moment etwas ausgedrückt, das verschiedene Gattungen gleichzeitig umfasst: das Bildliche, das Mündliche, die Tragödie.

Ich hoffe, dass diese Anthologie zeigt, dass die afrikanischen Frauen nicht von der Historie einverleibt wurden, dass auch sie wissen, wie man sich Historie einverleibt. Ihr Schreiben vermag am deutlichsten zu zeigen, wie verzweifelt Afrika sich in seiner Erinnerung getäuscht hat. Die Frauen, ohne die Macht zu regieren, haben oftmals keine Plattform, um ihre Kritik auszudrücken, selbst ihre *mihloti* nicht, die Tränen, die Miriam Tlali einst so eindringlich beschrieben hat. Einige dieser Frauen explodieren einfach, wie Hülsen. Worte werden zu Waffen.

Die Frauen Afrikas sind so unterschiedlich wie seine ernüchternden Erfahrungen. Wenn wir uns beziehen auf *die* afrikanische Frau ist das ein bloßer Tropus, eine Art liturgischer Gesang, viel zu einschränkend. Doch der Zweck einer Anthologie ist es auch, Einheiten zu schaffen, Stärken zu provozieren und eine Unterschrift anzubieten. Die Absicht ist nobel und allumfassend. Es gibt viele Möglichkeiten auszuwählen. Die vorliegende Sammlung hat das Ziel, einen Kreis zu ziehen, der so real ist wie die Frauen, die jene scheinbar unmögliche Geburt geschützt haben – verbunden durch ihr Land, durch ihre Zeugenschaft, durch die aktuellen Kämpfe, durch ihr Verlangen nach einem Ausweg. Wir müssen mutig schreiben, glühend. Tsitsi Dangarembga beginnt ihren Roman *Nervous Conditions* (dt.: *Der Preis der Freiheit*, Reinbek 1991) mit den Worten: »Ich war nicht traurig, als mein Bruder starb.« Das ist ein schockierender Satz, und ich kann mir nicht vorstellen, dass er ausgesprochen wird in einem Raum, der bevölkert ist von Onkeln, Großmüttern, Eltern oder Geschwistern. Darüber hinaus wird er ausgesprochen von einer Frau, ohne jede Vorwarnung wie zum Beispiel einen gesenkten Kopf, gebeugte Knie, eine verstellte und entschuldigende Stimme, eine Stimme, gebeugter als die Knie es je vermögen. Nichts davon. In der Kultur, in der Dangarembgas Satz angesiedelt ist, würde eine solche Aussage bedeuten, dass die Sprecherin von allen Vorfahren verlassen und Heilung unmöglich ist.

Dangarembga entschuldigt sich nicht für das Tabu in ihrem Mund. Dafür, dass sie Zeugin ist. Wo das Sprechen noch immer schwierig ist, da hat das Schreiben für die meisten Frauen einen Freiraum eröffnet – viel freier als

Reden. Sie werden weniger unterbrochen, es gibt weniger unmittelbare und schockierte Reaktionen. Dem geschriebenen Text lässt man seine Intimität, seine Privatheit, seine Schaffung einer Welt, seine Vorschläge, seine individuellen Charaktere, seinen Unglauben. Er sorgt auf unterhaltsame Weise für Überraschungen, verringert Distanzen, akzeptiert den noch so geringen gesellschaftlichen Status. Das Buch wird gebunden, herumgereicht, gelesen. Es behält seine Autonomie viel mehr, als man einer Frau in einer Sprechsituation zugesteht. Schreiben ermöglicht einen Moment der Intervention.

Ich weiß um das enorme Risiko, das eine Frau eingeht durch die bloße Anstrengung des Schreibens – sie begibt sich außerhalb der akzeptierten Grenze, verlässt die Sicherheit der weniger einschüchternden, wesentlich anerkannteren Pfade. Dass sie schreibt und diese existenziellen Geheimnisse preisgibt, ist ein mutiger Akt. Sie hat Teil an der erschütternden Geburt, die mitten im Wunder geschieht. Sie ist die Träumerin und Geschichtenerzählerin, die Bessie Head sich mit so viel Idealismus vorgestellt hat – die zerbrochenen Scherben werden zusammengesetzt und der Donner hinter den Ohren verhallt.

Diese Sammlung stellt neue Literatur von Autorinnen in Afrika vor. Wir schreiben nicht mehr für das *Empire*, wie es unsere frühen Schriftsteller taten. Wir beschäftigen uns mit einer Vielzahl von Themen, sie werden beleuchtet durch das Prisma gemeinsamer Weiblichkeit. »Nachtgedanken« von Monde Sifuniso ist eine Meditation. Und diese Geschichte ist voller satirischer Beobachtungen, wie Ama Ata Aidoos unwiderstehliche Ironie in »Das Mädchen, das es kann«. Wo Aidoo die Politik, die den weiblichen Körper in ihrem kulturellen Umfeld gefangen hält, kritisiert, greift Sifuniso die

10

politischen Autoritäten in Afrika und deren oftmals groteske Unanständigkeit an. Das handwerkliche und schriftstellerische Können von Sifuniso und Aidoo befindet sich in guter Gesellschaft mit der kryptisch-intellektuellen Raffiniertheit von Lindsey Collens »Das Rätsel«. Eine kurze Geschichte, in der einem gleich zu Beginn disharmonische Tonlagen entgegenspringen. Hier geht es um die Spannungen in den Beziehungen zwischen den Geschlechtern.

Leila Aboulela aus dem Sudan empfängt ihre Leser von »Das Museum« mit einer beherrschten und selbstsicheren Untersuchung einer Frau im Exil, indem sie nachdenkt über die Dichotomien arrangierter Heiraten, die verändernde Kraft einer Ausbildung in Übersee, das Ungleichgewicht familiärer Bindungen, die Natur der Liebe. Aboulelas Sprache ist ruhig und sicher, während sie den Leser durch jede Phrase, jede Pause und jede Ausmalung leitet. Wie Aidoo, Sifuniso und Collen schwelgt auch sie in Ironie und Verdrehungen.

Véronique Tadjos »Der Verrat« bleibt im Gedächtnis durch die Art der Welt, die hier erschaffen wird. Im Verlauf der Geschichte geht die Bandbreite der möglichen Erfahrungen, die vorgeschlagen werden, immer mehr über jene in der normalen Welt des täglichen Kontakts hinaus.

In Gugu Ndlovus »Der Kugelschreiber« hören wir eine mutige, suchende Stimme. In einem schmuddeligen Hotel werden vertraute Dinge sichtbar und erzeugen Misstöne – eine Klingel, ein zerrissener Vorhang, ein Klopfen an der Tür. Dagegen enthüllt Chiedza Musengezi mit »Die Austauschlehrerin« kulturelle Zusammenstöße, als eine Exilgemeinde sich in einem gerade unabhängig gewordenen Land bildet. Die Frage nach weiblicher Identität und Intimität wird existenziell und bedrohlich.

Ifeoma Okoyes »Die Macht eines Tellers Reis« macht die alltägliche Unterdrückung vieler afrikanischer Frauen anschaulich und ihren unbezähmbaren Geist, der sich dieser Unterdrückung entgegenstellt.

»Stress« zeichnet sorgfältig den unglückseligen Verfall und die Korruption einer Frau nach. Lília Momplé lässt der Geschichte Raum, sich langsam zu entwickeln, spürt Moment für Moment der Verfassung der Geliebten des Generalmajors nach. Das ist ein choreographiertes Stück, in der das dekadent gefährliche Schlafwandlerische der Protagonistin zugleich abstößt und fasziniert.

In »Das rote Samtkleid« betrachtet Farida Karodia die Schwierigkeiten häuslicher Beziehungen, die Mühe des Vergebens, den Triumph der Wahrheit, die schöne Gewissheit der Zugehörigkeit. Sindiwe Magonas »Empörung« und Norma Kitsons »Onkel Bunty« bestätigen auf ähnliche Weise den aufregenden Mut kreativer Bemühungen nach der Apartheit. In »Eine perfekte Ehefrau«, »Die Heimkehr« und »Bruchstücke« bieten die Autorinnen Anna Dao, Milly Jafta und Melissa Tandiwe Myambo jeweils andere Prismen an, andere Mittel, um die Zeitläufte zu erforschen und die Verwandtschaft, die trotz aller Betrügereien und Unzulänglichkeiten zwischen den Frauen bestehen bleibt.

Alle Frauen in dieser Anthologie zeigen, dass die Schriftstellerin in Afrika eine Zeugin ist, eine versöhnliche Augenzeugin, die ihre Erfahrung mit Scharfblick, Kunstfertigkeit und fruchtbarem Geschick darlegt. Ihre Reaktion auf ein Thema, ein Ereignis, ein Tabu ist lebendig und eindringlich.

Hier sind sie, die Zeuginnen jener scheinbar unmöglichen Geburt.

Yvonne Vera, 1999

Ama Ata Aidoo
Das Mädchen, das es kann

Man sagt, ich sei in Hasodzi geboren. Das ist ein sehr großes Dorf im Herzen unseres Landes Ghana. Man sagt auch, selbst wenn die Dürre ganz Afrika im Griff hat, liegt Hasodzi immer noch in einer sehr fruchtbaren Tiefebene in einer Gegend, die bekannt ist für ihre gute Erde. Vielleicht sagt Nana deshalb jedes Mal, wenn ich mein Essen nicht aufesse: »Adjoa, du weißt ja nichts vom Leben ... du weißt nicht, welche Probleme es gibt in diesem Leben ... «

Aus meiner Sicht gab es nur ein einziges Problem. Und das hatte nichts mit dem zu tun, was Nana als »Probleme« erachtete oder was Maami als »das Problem« ansieht. Maami ist meine Mutter. Nana ist die Mutter meiner Mutter. Und man sagt, ich sei sieben Jahre alt. Und mein Problem ist, in diesem Alter von sieben, da kann ich viele Dinge in meinem Kopf denken, aber mir fehlt wahrscheinlich noch die richtige Sprache, in der ich sie alle ausdrücken könnte. Und das, finde ich, ist ein sehr ernstes Problem, weil es immer schwierig ist zu entscheiden, ob ich den Mund halten und nichts von all den Dingen sagen soll, die mir in den Kopf kommen, oder ob ich sie sagen soll und ausgelacht werde. Dabei ist es erst einmal überhaupt nicht einfach, irgendeinen Erwachsenen dazu zu kriegen, dass er einem zuhört, selbst wenn man beschlossen hat, das Risiko einzugehen und ihm etwas Ernsthaftes mitzuteilen.

Nehmen wir Nana. Zuerst muss ich darum kämpfen, ihre Aufmerksamkeit zu erringen. Dann erzähle ich ihr etwas, das herauszubekommen mich viel Zeit gekostet hat.

Und wisst ihr, was dann passiert? Sie hört sofort auf mit dem, was sie gerade tut, und starrt mich ganz lange mit offenem Mund an. Dann beugt sie sich herunter zu mir und wendet leicht ihren Kopf, sodass ein Ohr in meine Richtung zeigt, und sagt mit *dieser* Stimme: »Adjoa, was hast du gesagt?« Nachdem ich das, was immer es war, wiederholt habe, fordert sie mich, immer noch mit dieser Stimme, entweder auf, nie, nie, nie, aber auch NIE wieder DAS zu wiederholen, oder sie würde sich sofort totlachen. Sie lacht dann und lacht und lacht, bis ihr die Tränen die Wangen herunterlaufen, und hört auf mit dem, was sie gerade tut, und wischt sich die Tränen mit den losen Enden ihrer Kleider ab. Und sie lacht immer weiter, bis sie total erschöpft ist. Doch sobald eine andere Person vorbeikommt und nur damit sie ja nicht vergisst, was ich gesagt habe, was auch immer es war, wiederholt sie alles noch einmal für sie. Und natürlich sind dann zwei ältere Leute am Lachen und Kreischen, während ihnen die Tränen übers Gesicht laufen. Manchmal läuft diese Show, bis es drei oder vier oder noch mehr von diesen lachenden und kreischenden tränenüberströmten Erwachsenen sind. Und dieser ganze Auftritt wegen etwas, das ich gesagt habe, was immer es auch war? Eines finde ich dabei ziemlich verwirrend. Dass mir nämlich nie mal einer erklärt, warum ich manchmal bestimmte Dinge nicht wiederholen soll, während ein anderes Mal das, was ich sagte, nicht nur in Ordnung zu sein schien, sondern auch noch so lustig gefunden wurde, dass es zum Vergnügen so vieler Leute so häufig wiederholt wurde. Versteht ihr, dass weder die eine noch die andere Art, mir Gehör zu verschaffen, mich ermutigen kann, meine Gedanken allzu oft auszusprechen?

Wie zum Beispiel diese Geschichte mit meinen Beinen. Ich wollte ihnen gerne sagen, dass sie sich keine Sorgen zu machen brauchten. Ich meine Nana und meine Mutter. Dass das eigentlich kein Gegenstand sein sollte, über den sich meine beiden liebsten Menschen streiten müssten. Aber ich wollte nicht gesagt bekommen, dass ich es nicht wiederholen solle, und ich wollte nicht, dass es als so lustig empfunden wurde, dass alle Tränen über mich lachten. Schließlich waren es meine Beine ... Wenn ich jetzt daran zurückdenke, glaube ich, dass diese beiden, Nana und meine Mutter, vom Tag meiner Geburt an über meine Beine diskutiert haben müssen. Ich bin sicher, als ich herauskam aus dem Land des süßen sanften Schweigens in die Welt des Lärmens und Verstehens, war das erste Thema, mit dem ich konfrontiert war, meine Beine.

Die Diskussion wurde in sehr regelmäßigen Abständen wiederholt.

Nana: »Ach, ach, weißt du, Kaya, ich danke meinem Gott, dass dein erstes Kind ein Mädchen ist. Aber Kaya, ich bin mir gar nicht sicher, was ihre Beine betrifft. Hm ... hm.... hm.«

Dabei schüttelte Nana ihren Kopf.

Maami: »Mutter, warum beschwerst du dich dauernd über Adjoas Beine? Also, wenn du mich fragst ...«

Nana: »Sie sind zu dünn. Und dich fragt auch niemand.«

Nana hat viele Stimmen. Eine ist ganz speziell, die benutzt sie, um alle anderen zum Schweigen zu bringen.

»Es gibt Leute, die haben überhaupt keine Beine«, wagte meine Mutter noch einmal einen Versuch und nahm dabei ihren gesamten wenigen Mut zusammen.

»Aber Adjoa hat Beine«, beharrte Nana dann. »Nur dass sie zu dünn sind. Und außerdem zu lang für eine Frau.

Kaya, hör mir mal zu. Ab und zu, aber wirklich nur ab und zu und in großen Abständen, kommt es vor – durch die Natur, höhere Mächte oder einen Unfall –, dass jemand ohne Arme oder Beine oder ohne alle vier Gliedmaßen geboren wird. Ich klopfe auf Holz, das ist eine traurige Angelegenheit. Und du weißt auch, dass man über solche Dinge nicht jeden Tag spricht. Aber wenn ein Mädchen beschließt, in diese Welt mit zwei Beinen zu kommen, dann sollten das auch wirklich Beine sein.«

»Was für welche denn?« An diesem Punkt, das erkannte ich an ihrer Stimme, weinte meine Mutter stets innerlich. Nana hörte dies innere Weinen nie. Doch selbst wenn sie es gehört hätte, hätte sie doch weitergemacht. Das überraschte mich immer wieder. Denn Nana ist bei allem außer meinen Beinen eine so freundliche Erwachsene. Aber was weiß ich überhaupt über freundliche und unfreundliche Erwachsene? Wie konnte Nana eine freundliche Erwachsene sein, wenn sie immer weiter über meine Beine herzog? Also, alles, was ich sagen will, ist, dass ich Nana wirklich mochte außer eben in diesem Punkt.

Nana: »Wie ich immer sage: Beschließt eine Frau, mit ihren beiden Beinen auf diese Welt zu kommen, dann sollte sie sich Beine aussuchen, die Fleisch darauf haben: mit starken Waden. Weil man sicher sein kann, dass solche Beine starke Hüften tragen. Und eine Frau braucht starke Hüften, damit sie Kinder haben kann.«

»Ach, Mutter.« So antwortete meine Mutter dann immer. Sehr, sehr ruhig. Und damit war die Diskussion beendet, oder sie sprachen über etwas anderes.

Manchmal ließ Nana auch noch Bemerkungen über meinen Vater mit einfließen. Etwa: Wenn man sich so einen

Mann ansieht, muss man sich in Bescheidenheit üben und einfach einsehen, dass Gott viele Kinder hat...«

Oder etwa: »Nachdem die einzige Tochter darauf bestanden hat, so einen Mann zu heiraten, muss man immer noch seinem Herrgott danken, dass das größte Problem, das man später bekommen sollte, eine Enkeltochter mit spindeldürren Beinen ist, die zu lang sind für eine Frau und zu dünn, um zu irgendetwas Nutze zu sein.«

So wie sie diesen Teil über meinen Vater immer im Flüsterton hinzufügte, dachte sie wahrscheinlich, ich würde das nicht hören. Aber ich hörte es immer. Hinzu kam, dass sie meine Mutter damit endgültig zum Schweigen brachte. Also selbst wenn ich die Worte tatsächlich nicht gehört hatte – sobald meine Mutter aussah, als wäre ihr auch noch das letzte bisschen Mut geraubt worden, erriet ich doch, was Nana zu diesem Streit noch hinzugefügt hatte.

»Beine mit Fleisch dran und starken Waden, um kräftige Hüften zu tragen ... damit man Kinder haben kann.«

Also wünschte ich mir, dass ich mir eines Tages, nur für mich allein, die Beine von Frauen, die bereits Kinder hatten, anschauen könnte. Doch in unserem Dorf ist das nicht einfach. Die älteren Frauen tragen stets lange Hüfttücher. Vielleicht könnte ich nachsehen, wenn sie mich abends zum Baden in den Fluss gehen lassen würden. Aber ich bekam nie Gelegenheit dazu. Ich musste schon ausgiebig bitteln und betteln, damit meine Mutter und Nana mich zum flachen Ende des Flusses gehen ließen und ich dort mit meinen Freundinnen, kleine Mädchen wie ich, herumplanschen durfte. Um uns richtig zu waschen, benutzten wir das kleine Badehaus hinter unserer Hütte. Deshalb sind die einzigen weiblichen nackten Beine, die ich jemals gesehen habe, die der anderen kleinen Mädchen in meinem Alter oder die der älteren Mädchen in der Schule. Und die von meiner Mutter und Nana: zwei Paar Beine, die sicherlich zu der anerkannten Art gehörten. Nana hatte schließlich meine Mutter geboren und meine Mutter mich.

In meinen Augen haben alle meine Freundinnen Beine, die wie Beine aussehen, aber ob sie genug Fleisch dran haben, um die Art von Hüften zu tragen damit ... das weiß ich nicht.

*

Nach dem, was die älteren Jungen und Mädchen sagen, beträgt die Entfernung zwischen unserem Dorf und der kleinen Stadt ungefähr fünf Kilometer. Ich weiß nicht, wie viel fünf Kilometer sind. Sie jammern immer darüber, wie lange sie zur Schule und wieder zurück laufen müssen. Aber was mich betrifft – wir wohnen in unserem Dorf, und diese vielen Kilometer zu Fuß zu gehen macht mir nichts aus. Schule ist schön.

Die Schule ist eine andere Sache, über die Nana und meine Mutter oft diskutierten. Offensichtlich waren sie unterschiedlicher Auffassung darüber. Nana fand, es war Zeitverschwendung. Ich verstand nie, was sie meinte. Meine Mutter schien es zu wissen – und war nicht einverstanden. Sie sagte Nana immer wieder, dass sie – also meine Mutter – sich fühlte, als wäre sie in einer Art Dunkelheit eingeschlossen, weil sie nie in der Schule gewesen war. Und dass es gut wäre, wenn ich, ihre Tochter, lernte, meinen Namen zu lesen und zu schreiben und außerdem noch ein bisschen mehr – vielleicht um etwas auf dem Papier ausrechnen zu können, das wäre gut. Heiraten könnte ich später immer noch und vielleicht...

Nana lachte nur. »Ach, nun ja, mit ihren Beinen, da kann sie genauso gut zur Schule gehen.«

Dass ich beim Laufen mit meinen Klassenkameraden auf unserem kleinen Sportplatz immer die Erste war, schien mir nie irgendetwas zu sein, wovon ich zu Hause erzählen müsste. Doch diesmal war es anders. Ich weiß nicht, wieso die Lehrer beschlossen, mich für die Juniorenmannschaft unserer Schule bei den Bezirksspielen laufen zu lassen. Aber es war so.

Als ich nach Hause kam und es Nana und meiner Mutter erzählte, hatten sie es zuerst nicht geglaubt. Also ging Nana höchstpersönlich hin, um sich »von der Rechtmäßigkeit zu überzeugen«. Sie kehrte zurück und sagte meiner Mutter, dass es wirklich wahr wäre. Ich war als eine der Läuferinnen für meine Schule nominiert.

»Stimmt das wirklich?«, rief meine Mutter. Ich kenne sie. Ihr Mund bewegte sich so, als wolle sie Nana sagen, dass es immerhin ein Geheimnis um mich gebe, dass sie nicht mit jedem teilen könne. Aber Nana sah so freudig überrascht aus, dass meine Mutter ihren Mund hielt. Jedenfalls ertappte ich Nana, seitdem sie die Neuigkeit vernommen hatten, dabei, wie sie mit merkwürdigem Gesichtsausdruck auf meine Beine starrte, dabei aber so tat, als würde sie gar nicht hingucken. Die ganze Woche über wusch sie eigenhändig meine Schuluniform. Zu meiner großen Verwunderung. Aber das war noch nicht alles. Sie ging sogar zu Mr. Mensahs Haus und lieh sich sein Kohlebügeleisen aus. Jedes Mal, wenn sie damit nach Hause kam und bügelte und bügelte und bügelte, dachte ich schon, dass, wenn ich die

Uniform gewesen wäre, laut gesagt hätte, dass es jetzt aber genug wäre.

In dieser Woche war es schön, meine Uniform zu tragen. Am ersten Nachmittag auf der Parade fing ihre Pracht die Sonnenstrahlen ein, und sie glänzte heller als alle anderen Uniformen. Ich bin sicher, dass Nana das auch gesehen hatte, und es musste ihr gefallen haben. Ja, in dieser Bezirkssport-Woche ist sie jeden Nachmittag mit uns in die Stadt gekommen. Jeden Nachmittag hat sie eine frische Garnitur alter Kleider aus der großen Messingtonne herausgenommen, um sie zu tragen. Und diese alten Kleider sind immer so sehr gestärkt, dass man sie rascheln hört, wenn sie vorbeigeht. Aber sie geht hinter uns Schulkindern. Als wäre sie auf ihrem eigenen Weg zu einem anderen Ort unterwegs.

Ja, ich habe jedes Rennen für meine Schule gewonnen, und ich habe den Pokal für die beste Juniorathletin errungen. Ja, Nana sagte, dass es ihr egal wäre, dass man solche Dinge nicht täte. Sie würde es machen. Und wisst ihr, was sie gemacht hat? Sie trug den glänzenden Pokal auf ihrem Rücken. So wie sie es mit den Babys machen und anderen sehr kostbaren Dingen. Und diesmal scheute sie sich nicht, alleine zu gehen.

Als wir in unserem Dorf ankamen, ging sie in unseren Innenhof, um den Pokal meiner Mutter zu zeigen, bevor sie wieder zurücklief, um ihn dem Direktor zu übergeben.

Oh, Erwachsene sind ja so merkwürdig. Nana hat mich gerade auf ihre Knie gesetzt, und dabei weint sie leise. Sie murmelt und murmelt und murmelt vor sich hin. »*Saa.* Dünne Beine können auch von Nutzen sein sein . . . dünne Beine können auch von Nutzen sein . . . Selbst wenn manche Beine nicht viel Fleisch dran haben, um Hüften zu tragen ... sie können laufen. Dünne Beine können laufen ... na, wenn das so ist, wer weiß? ... «

Ich verstehe nicht viel von diesen Dingen. Aber genau das habe ich die ganze Zeit gedacht und gefühlt. Dass man ganz sicher in der Lage sein sollte, andere Dinge mit seinen Beinen zu machen, und dass sie aber auch dafür da sind, Hüften zu tragen, die Babys machen. Nur hatte ich Angst, es laut auszusprechen. Denn garantiert hätte mir wieder jemand gesagt, dass ich nie, nie, aber auch NIE wieder so etwas sagen sollte. Oder sie hätten wieder Tränen gelacht über das, was ich gesagt hatte.

So ist es viel besser. Ich habe es ihnen gezeigt, obwohl ich so etwas gar nicht hätte planen können.

Und meine Mutter, die war sprachlos wie immer.

Melissa Tandiwe Myambo
Die Blätter des Jakarandabaums

Ich habe sie überhaupt nicht gehasst. Genauso, wie ich auch Irene nicht gehasst habe. Manche sagen, das sei unsere Tradition. Es ist unsere Kultur.

Es ist noch nicht lange her, da kam Irene an einem heißen stillen Samstagnachmittag zu mir und fragte mich, ob sie mit ihrer Freundin Tendai ausgehen dürfe. Sie wollten zum Nachmittagskonzert der Turtles gehen und versprachen, um fünf wieder zurück zu sein. Sie sagten, sie wollten die Musik hören: Soul, Ragga, R & B, als ob ich genau wüsste, was das war. Und tanzen wollten sie.

Wie kann man in diesen Röcken tanzen, das hätte ich gerne gewusst, sie waren so kurz, so knapp, sie bedeckten kaum ihre Unterwäsche. Rote Höschen blitzten hervor.

Sie schaute mich eisig an, als sei ich diejenige, die verrückt war. Ich versuchte alles, um sie davon abzuhalten. Die Männer werden euch belästigen, die Straßenkinder werden euch folgen – hinter euch herpfeifen und euch beschimpfen – ihr solltet nicht so viel Fleisch zeigen, das ist unanständig, die Polizei wird euch verhaften... Schließlich, gerade so wie ich den Durst von überraschenden Gästen mit dem Wasser, das ich im Kühlschrank hatte, löschen würde, machte ich mir selbst Mut, indem ich mich auf meinen alten *Ndonga*, meinen Spazierstock, stützte und sagte: »Das ist nicht unsere Kultur, Mädchen.«

Sie lachten und kicherten und sagten: »Doch, ist es, *Auntie*!« Sie rannten zu ihren Schultaschen, holten ihre Geschichtsbücher raus und zeigten mir die Illustrationen von Ma-Karanga- und MaNdbele-Frauen des 19. Jahrhunderts, mit nackten Brüsten und bekleidet mit zwei Vierecktüchern, die nur mit einer Kordel zusammengehalten waren und kaum deren Hüften bedeckten und viel von ihren Hintern zeigten. Ihre Worte verdichteten sich zu einem schimmernden Regenbogen, der sie zur Tür hinausschlüpfen und über meinen Schutzwall hinweg gleiten ließ.

Nein, ich habe sie nicht gehasst, auch Irene nicht. Sie waren schließlich immer noch die gleichen. Manche sagen sogar, es ist unsere Kultur.

*

Eines Tages hatte ich Tete aus den Augenwinkeln im Supermarkt gesehen, sie stand gerade an der Fleischtheke und kaufte Rumpsteak für ihren Mann und ihre Kinder. Normalerweise kaufte ich nicht in Avondale ein, es war zu gefährlich, es bedurfte meiner ganzen Schauspielkunst, um auch nur das Notwendigste zu besorgen. Mein Körper verspannte sich etwas, aber ich bin mittlerweile ein erfahrener Profi, und weder durch ein Wimpernzucken noch durch eine Kopfbewegung hätte sie feststellen können, dass ich bemerkte, wie sie mich anstarrte. Letztes Jahr um die gleiche Zeit war sie noch hinter mir hergelaufen, hatte mich am Arm festgehalten, und als ich mich umgedreht hatte, hatte sie mich mit Handschlag begrüßt – freundlich, vertraut, Familie.

Bei einer Scheidung, wird Tete dann zur Ex?

Heute ging ich schnell an den Regalen mit Chips und Süßigkeiten vorbei und verschwand zwischen den Spaghettisoßen. Es gibt ein stillschweigendes Abkommen zwischen uns, dass wir uns möglichst aus dem Weg gehen. Warum sollten wir uns das Ritual respektvoller Begrüßung antun, dabei freudige Überraschung vortäuschen und beiderseitiges Entzücken über diese zufällige Begegnung? Die Worte kommen von selbst, aber die Körper zucken zurück, die Pupillen flackern unruhig und sehr, sehr schnell hin und her, und wir beide werden in Abwehrhaltung unseren Einkaufswagen vor uns – und zwischen uns – herschieben.

Also verstellen wir uns und tun so, als sähen wir uns nicht. Aber diese Art von Verstellung ist ehrlicher.

*

Saru rümpfte nur die Nase und sagte: »*Uyu! Anobika mapoto. Ava, ka. Vachpedezerna.* Ach die! Das ist eine Mapoto-Frau. Die machen das schon unter sich aus.«

Aber die einen sagen, sie ist jung und hübsch, andere sagen, sie ist dunkel und hat ein herbes Gesicht und eine männliche Figur. Jene, die lieber behaupten, dass sie unattraktiv ist, sind diejenigen, die ernsthaft um mich besorgt sind. Sie wollen mich trösten, mir wohl tun und verurteilen sie als hässlich – *Akashata! Maiwer!* Hässlich, o je! Sie ist so dunkel, *kana pasi pebodo pari nani!* Der Boden eines Topfes ist besser als sie. Warum tun das meine Leute noch immer, frage ich mich. Ist es nicht schlimm genug, dass die Weißen unsere Hautfarbe bewerten? Jetzt tun wir das Gleiche. Oder haben es vielleicht schon immer getan.

Ich weiß nicht, ob diese Tradition, Hellsein mit Schönsein (je heller desto schöner) gleichzusetzen, 1890 anfing oder schon lange vorher. Manche sagen, wir fanden schon immer die milchige Hautfarbe der BaTswana und der Sotho anziehend. Ich weiß nicht. Aber was ich weiß ist, dass sie halb Tswana sein soll und nicht eine von den Kalanga-sprechenden, dunkelhäutigen Leuten ist. Sie benutzt auch kein Ambi oder eines dieser anderen Produkte, es ist Natur.

Sie heißt Lerato; sie erklären mir, das bedeutet Liebe in ihrer Sprache. Also, auch wenn meine Freunde etwas anderes sagen, ich bin sicher, dass sie attraktiv ist. Ich finde ebenfalls helle Leute attraktiver, auch wenn Saru mir erklärt, dass ich ein Opfer von Selbsthass bin, auch so eine Auswirkung des Kolonialismus. Saru sagt, dass die Schwarzen sich selbst verachten, genau wie die Frauen, aber das ist ein anderes Thema, ein politisches Thema, während ich über meine persönlichen Verletzungen spreche. Meine Wunden. In meinem Herzen weiß ich, dass sie hübsch ist und sinnlich und verführerische Brüste und einen aufreizenden Hintern hat.

Vielleicht quäle ich mich auch nur selbst, aber wenigstens kann ich es jetzt laut aussprechen. Als ich zum ersten Mal davon gehört habe, war ich auf einer *Kitchen Party*. Ich sah sehr gut aus in meinem fließenden zitronengelben Kleid mit den passenden Schuhen. Saru, die über die Ferien nach Hause gekommen war, trug einen königsblauen nigerianischen Kaftan, der vorne mit üppigen goldenen Stickereien verziert war. Wir waren lachend angekommen, hatten Geschenke dabei für die zukünftige Braut und freuten uns auf einen Nachmittag mit unanständigem Klatsch, herzhaftem Gelächter und genug zu trinken. Es war Samstagnachmittag und wir hatten genug Zeit, um uns für den Gottesdienst am nächsten Morgen von unserer ausgelassenen Feier zu erholen. An diesem Tag jedoch sollten wir nicht lange Spaß haben.

Kaum hatten wir unsere Geschenke auf dem Esstisch abgelegt, entschuldigte ich mich, um auf die Toilette zu gehen. Davor war bereits eine Schlange, und vor mir standen zwei Damen, die ich noch nie zuvor gesehen hatte, beide hatten sich schick gemacht, und die Haare waren frisch gefärbt. Die eingängige Melodie von Thomas Mapfumos »Vatete« klang gerade aus, und Dolly Parton hatte angefangen zu singen: »Meine Fehler sind nicht schlimmer als deine, nur weil ich eine Frau bin . . .«, als die beiden begannen, in leisem vertraulichen Ton miteinander zu reden. Trotz der Musik bekam ich jede aufrüttelnde Silbe eines jeden einzelnen Wortes mit.

»Ich glaube, die offizielle Mrs. Ncube wird kommen und Amainini auch«, sagte die Dame in Hellblau.

»Das ist nicht wahr!«, sagte ihre Freundin in Grünweiß. »Werden die sich gegenseitig erkennen? Weiß Mrs. Ncube überhaupt, was los ist?«

»Mainini weiß garantiert, wie Maiguru aussieht, aber ob Maiguru . . . Heißt es nicht, die Ehefrauen sind immer die Letzten, die es erfahren?«

Ich schlich mich leise davon und ging den Flur entlang, um Saru zu suchen. Sie merkte mir schon an den Augen und meiner niedergedrückten Stimmung an, dass etwas nicht stimmte, und wir verließen die Party, ohne uns von irgendjemandem zu verabschieden, eingehüllt in Schweigen.

Die Schutzhülle des Schweigens tat mir in den Ohren weh. Sie war so laut: eine Oberstimme, ein Crescendo, doch immerhin hielt sie die Worte ab und half mir, gleichgültig zu bleiben und den Rest zu ignorieren.

*

Meine Freundin Saru schlug mir vor, einen weißen Mann zu heiraten. »Vielleicht hast du dann nicht mehr diese Probleme.« Aber sie warnte auch. *»Manakira kure mvura ye-mubvumbi.* Von weitem sieht schmutziges Wasser immer sauber aus.«

Saru ist keine Heuchlerin und hat diesen Rat selbst schon lange befolgt. Sie lebt in Frankfurt mit einem österreichi-schen Wirtschaftsprofessor mittleren Alters. Sie haben keine Kinder, aber zwei Katzen. Saru konzentriert sich auf sich selbst. Sie verkauft Shona-Skulpturen an deutsche Kunstgalerien und legt ihre Einkaufsreisen immer in den europäischen Winter. Jetzt kommt sie einfach in die Stadt, wie und wann es ihr beliebt. Hier oder dort summt sie zur Musik von Nina Simone und schließt ihre Augen bei den Rhythmen von Ambuya Stella Chiweshe.

Sie ist groß und drahtig und hat ein hartes, scharf ge-schnittenes Gesicht voller Ebenen und Schatten. Riesige schmale Hände und Füße. Ihre Augen sind eine Nuance heller als ihre Haut. Die einer Hexe.

Sarudzayi ist eine überzeugte Christin. Sie sagt, dass sie ihren Glauben ernster nimmt als andere und nach den Ge-setzen Gottes lebt. Ehebruch ist eine schreckliche Sünde, sagt sie, egal ob von einem Mann oder einer Frau began-gen. Dann zitiert sie aus dem Buch der Sprüche: »Als die Urmeere noch nicht waren, wurde ich geboren / als es die Quellen noch nicht gab, die wasserreichen / Ehe die Berge eingesenkt wurden / vor den Hügeln wurde ich geboren.«

Ich war unsicher, aber sie sprach die sechs Worte, die meine Skepsis wegwischten. »Erinnerst du dich an Mrs. Mandaza?«

Natürlich tat ich das. Mrs. Mandaza – sie wurde jeden Samstagabend von ihrem Mann geschlagen. Grün und blau, wie es so schön heißt. Als sie von seiner Geliebten er-fuhr, war sie zu dieser Frau nach Hause gegangen und hatte sie geschlagen. Noch grüner und noch blauer. Kurz nach diesem Vorfall war sie der *Gracious Women's Fellowship* beigetreten.

Jetzt sind wir zwei, Saru und Hannah – die Frau des weißen Mannes, die nikotinabhängig ist und ständig die Auseinandersetzung sucht, und die arme Geschiedene, die ihren Mann aus keinem legitimen Grund verlassen hat.

Frauen werden verheiratet: Wir heiraten nicht. Frauen werden hinausgeworfen: Wir gehen nicht.

Die Leute haben Angst vor Sarudzayi, da sie oft Tabus bricht – schamlos und böse.

Ich taumelte entlang und fragte sie, was ich sagen sollte. Wie ich damit umgehen sollte. Wie ich mich dafür bei meinem Bruder entschuldigen oder wie ich es ihm erklären sollte. Irene war noch so jung – was, wenn sie schwanger wird, was, wenn sie nicht auf mich hört, was wenn . . .? Normalerweise »attackieren« wir das Mädchen, nicht den Sugar Daddy; wir geben der anderen Frau die Schuld, nicht dem Ehemann; »bestrafen« die Schwiegertochter, nicht den Sohn.

Saru sah mich an, gelbe Lichter leuchteten in ihren Augen. »Geh und sprich mit dem Mann.«

*

Meine Nichte Irene kam heute abgerissen und verschwitzt von der Schule nach Hause, ihre Uniform war ganz zerknittert und schmutzig. Ich sah gleich, dass in ihren Augen das Sonnenlicht wie Feuer brannte: Sie bargen ein Geheimnis, das den Raum erleuchtete und diesen Moment in ein Theaterstück verwandelte. Die Kinder saßen vor dem Fernseher, sie waren frisch gebadet und hatten Hunger und warteten schon sehnsüchtig auf Sisi Irene, die schon vor mindestens einer Dreiviertelstunde mit dem Kochen angefangen haben sollte. Ich stand vor dem Fernseher, zerknittert und ausgelaugt von einem langen Tag im Büro und erholte mich gerade von der letzten Stromrechnung, als meine junge Nichte mir mit ihren Augen dieses Feuer entgegenschleuderte und das Drama begann.

Es gibt viele Nuancen der menschlichen Kommunikation, aber leider nehmen die meisten von uns nur das, was ausgesprochen wird, ernst.

In diesem Moment sprach meine Nichte zu mir, schimpfte mit mir, schrie ihr Geheimnis geräuschlos mit ihren Feueraugen heraus. Die Kinder konnten die Hitze, die von ihr ausging, nicht fühlen, da sie einer Quelle entsprang, die jenseits ihres Altes und ihrer Erfahrung lag, eine Hitze, die Funken sprühte von heimlichem Sex und dem Knistern verborgener Geschehnisse. Irene war großartig, wie sie so da stand, sie zitterte vor Erregung, herausforderndem Trotz und gleichzeitig voller Angst, dass ich sie fragen könnte, warum sie so spät von der Schule kam.

Der Vorteil der Kommunikation jenseits des engen Flusses von Worten ist, dass man, wenn man möchte, ignorieren kann, was man verstanden, wahrgenommen, gefühlt hat und so an den zerklüfteten Bergen und heimtückischen Tälern vorbeikommt.

Stell dir vor, du bist in einem Theaterstück. Es ist ein Einmann-Stück. Eine langer, lang gezogener Monolog. Der Schauspieler spricht ihn laut, aber er spielt den inneren Monolog. Er tut so, als ob du gar nicht da seiest, und du erlaubst es ihm. Du bist ein Komplize. Du störst nicht den Ablauf des Stückes, in dem du die offensichtlich bestehende Unwahrheit hineinlässt. Du gehst nicht auf die Bühne und fängst ein Gespräch mit ihm an, obwohl jeder aus dem Publikum es tun kann, tun könnte, und so den Pakt zerstören könnte, den ihr alle geschlossen habt – Theater zu spielen. Das ist das normale Leben: Jeder macht glauben, dass das, was tatsächlich stattfindet, das Drama ist, das sich auf der Bühne abspielt; jeder spürt, wenn auch in verschiedenen Stufen des Bewusstseins, dass die wahre Handlung sich hinter der Bühne und im Publikum abspielt, aber die meisten von uns haben zu viel Angst, die Zerbrechlichkeit der Unwahrheit, die der Aufführung innewohnt, herauszufordern oder zu bedrohen.

Ich auch, ich bin ein Feigling. Also leugnete ich. Die Flammen verbrannten meinen Hals, meine Brüste, meinen Schoß, meine Schenkel. Doch ich löschte den Brand mit dem Schwall meiner Worte.

»Hallo, Irene. Mach gleich das Abendessen, die Kinder haben Hunger. Das Huhn liegt zum Auftauen im Spülbecken.«

Irene folgte meiner Aufforderung, natürlich, aber ließ mich zurück mit dem schlackigen Geruch nach nasser Asche und verkohlten Überresten. Ich wandte mich wieder dem Fernsehprogramm zu, um anderen Leuten beim Theaterspielen zuzuschauen.

*

Der offizielle Mr. Ncube mochte Saru überhaupt nicht. Er hatte sie einmal als losgelassenen Feuerwerkskörper bezeichnet. Tatsächlich verachtete er sie, weil er absolut etwas gegen ihre unkonventionelle Persönlichkeit und ihren kompromisslosen Geist hatte. Er beschwerte sich immer darüber, dass sie so schamlos in der Öffentlichkeit rauchte, über ihre Missachtung des weiblichen Anstands, er bezweifelte, dass sie rechtmäßig verheiratet war. Welche Frau, wenn sie natürlich ist und normal, bekommt keinen Nachwuchs? Das Wort »Hure« kratzte seinen Hals, aber er spuckte es nicht aus, denn er fürchtete sie.

Er beneidete sie darum, wie sie mit Worten umzugehen verstand: Saru hatte eine sehr direkte Beziehung zur Rhetorik und benutzte sie als ein scharfes, aber effektives Werkzeug, um ihre Meinung auf den Tisch zu knallen. Die Tatsache, dass sie nicht bösartig war, bewahrte sie davor, die meisten Leute, mit denen sie in Kontakt kam, zu beleidigen, doch zumindest verursachte sie immer Unbehagen und Verlegenheit und nur manchmal Feindseligkeit.

Einmal bestand der offizielle Mr. Ncube darauf, uns zu einem gewissen Mr. Anderson auf ein paar Drinks mitzunehmen. Mr. Ncube hoffte, mit Mr. Anderson Geschäfte zu machen, und die Einladung gehörte zu einem der nächsten Schritte bei den Verhandlungen, also stiegen Saru und ich in Mr. Ncubes Mercedes-Benz und, schwupps, wurden wir nach Colne Valley befördert. Dies war der Tag, an dem Saru Mr. Ncube so sehr in Verlegenheit brachte, dass es nicht mehr gutzumachen war und das Ende ihres bemüht höflichen Umgangs miteinander bedeutete.

Das Haus war ein Cape-Dutch-Herrenhaus im Kolonialstil, es war in einem warmen Beigeton gestrichen mit schokoladebraunen Details an den hervorstehenden holländischen Giebeln, die einen Blick über einen ganzen Hektar illegal bewässerten, üppig-grünen Rasen frei ließen. Es herrschte gerade eine sehr schlimme Dürre, aber das hätte man niemals vermutet, wenn man auf den glitzernden Swimmingpool schaute, der teilweise beschattet war von einem phantastisch gewachsenen Jakaranda-Baum. Der stand neben einem Tennisplatz, umrahmt von üppigen Blumenbeeten, und all das war in ein rosa-goldenes Spätnachmittagslicht getaucht.

Ungefähr dreißig Leute waren da, vor allem Weiße mit ein paar versprengten Schwarzen. Alle sprachen gut gelaunt mit hoher nasaler Stimme über den ausbleibenden Regen, dass die PTC es nicht schaffte, die Telefone rechtzeitig zu installieren, über Sport und die ständig steigenden Schulgebühren der Privatschulen. Es ging sehr fröhlich zu, die Damen tranken Malawi Shandies und Club Specials oder einen Weinbrand mit Cola, während die Männer sich einen Sambesi oder Shumba oder sogar noch ein bisschen was Härteres genehmigten. Nur Saru, strahlend in einer glänzend weißen Damastkreation mit passendem Kopfschmuck, kippte Scotch pur – ohne Soda, ohne Eis.

Sarus Wortgewandtheit wurde nicht beeinträchtigt von ihrem Trinken, also gab es wirklich keine Entschuldigung für das, was sie an jenem Tag sagte.

Mr. Anderson stellte gerade allen Gästen seine Familie vor, indem er sie von Gruppe zu Gruppe führte. Seine Frau sah fit aus vom vielen Tennisspielen und hatte eine gesunde, glänzende Haut, die nur gestört wurde von schmalen Lippen, die zusammengepresst waren, als müsste sie ihre wahren Gefühle verbergen. Seine Tochter jedoch war von ätherischer Schönheit mit ihren langen blonden Haaren und Augen, die blauer waren als der Himmel. Aber sie war so bleich und dünn, und wie eine Katze, die aufgeregt ihren Schwanz bewegt, schob sie mit der rechten Hand ihre Haare von einer Seite zur anderen, während sie unablässig an ihrer Zigarette in der linken Hand zog. Als Mr. Anderson Saru sein Kind vorgestellt hatte, machte er eine unbedachte Bemerkung. Seine Tochter, so informierte er unbekümmert die versammelten Gäste in seinem flachen rhodesischen Akzent, war gerade von einer Ausstellung in der Galerie Delta zurückgekommen, die von einem dieser neu entdeckten, aufstrebenden afrikanischen Künstler realisiert worden war.

»Was genau verstehen Sie unter einem Afrikaner?«, sagte Saru, ruhig, gefährlich, wie ein Fluss, der plötzlich tief wird. Nervöses Gelächter war zu hören. Ihre Zigarettenspitze glühte in den dunkler werdenden Schatten des Zwielichts.

»Oh, tut mir Leid. Wie lautet noch mal der Ausdruck, den Ihresgleichen heutzutage bevorzugt? Wie auch immer, es war einer dieser jungen, schwarzen Typen – verdammt gut, habe ich gehört, in Übersee ausgebildet, glaube ich …« Einige summten, andere wandten ihre Augen ab und ließen ihre Blicke über die Blumenbeete schweifen. Sie spielten Theater.

»Wo kommen Sie her, Mr. Anderson?«

»Ja, also, natürlich bin ich in Rhodesien geboren, aber jetzt bin ich aus Simbabwe.«

»Liegt Simbabwe nicht in Afrika?«

*

Als die offizielle Mrs. Ncube hätte ich danach nach Hause gehen sollen, nach der *Kitchen Party*. Ich hatte schließlich Zugang zur offiziellen Residenz, aber wie konnte ich da hingehen, mich selbst ausschließen, mich zurückziehen in das Schlafzimmer, das ich mit ihm teilte? Ich konnte nicht sprechen, Worte erschienen mir zu gefährlich, und Saru fuhr das Auto, doch ich brachte den Mund nicht auf, um ihr den Weg zu weisen.

Wir rasten den Harare Drive entlang und kamen zu unserem Tor, aber ich schüttelte nur dumpf den Kopf. Saru verstand glücklicherweise und kehrte gleich um. Wir nahmen eine Abkürzung durch die Innenstadt von Harare – das Zentrum flog an uns vorbei –, durchquerten die Industriegebiete, bis wir nach Highfields kamen. Ich wusste jetzt, dass wir zum Haus ihrer Schwester in Machipisa fuhren, wo nur der älteste Sohn zu Hause war. Alle anderen machten *Kumusha*, sie waren übers Wochenende in ihr Landhaus gefahren. Ich erhob mich mit gesenktem Kopf vom Beifahrersitz und überließ es Saru, die Nachbarn zu begrüßen. Wir waren immer noch schick angezogen von der *Kitchen Party* und fuhren in Sarus importiertem Audi vor, also wurden wir mit vielen neugierigen Blicken bedacht, als Saru mich ins Haus geleitete. Drinnen war es dunkel, und ich schaffte es gerade noch, mich in einen der beiden Sessel zu setzen, die nebeneinander standen, denn plötzlich war ich blind vor heißen salzigen Tränen.

Saru machte sich am Paraffinofen in der kleinen Küche neben dem Wohnzimmer zu schaffen, und ich hörte sie fluchen, als sie sich mit einem Streichholz verbrannt hatte. Das ganze Haus war plötzlich vom stechenden Geruch des Paraffin erfüllt, und ich hatte das Gefühl, die heißen Tränen, die über meine Wangen liefen, könnten die Luft entzünden und ich würde glücklich in einem Flammenmeer aufgehen. Aber ich wurde nicht vom Feuer verzehrt, obwohl die Tränen meine Wangen herunterströmten, sich mit der Stille mischten, bis diese zu einem Rauschen, einem Zischen wurde wie Wellen, die sich an Felsen brachen. Saru reichte mir einen süßen Milchtee in einem angeschlagenen Emailbecher, setzte sich neben mich in den zweiten Sessel und blickte mit traurigen Augen geradeaus auf ein weißes Tuch, auf dem in geschwungenen Buchstaben handgestickt in hellgrünem Garn stand: »Zuhause ist da, wo das Hertz ist.« Herz war falsch geschrieben.

Wir blieben so drinnen im Dunkeln sitzen, bis die Dunkelheit auch vor der Türschwelle hereinbrach.

*

Ich sehne mich nach der Regenzeit, nach Maulbeeren und *Mazhanje*, *Nyimo* und Mangos. Aber es ist heiß und trocken, die Wolken versammeln sich und drohen am Himmel, sie hängen tief über der Stadt – aber es passiert nichts, nicht einmal ein Tropfen fällt. Die Erde ist durstig, und der Boden ist ganz pudrig oder fest, verlangt nach einem Regenguss, der das Startsignal für die Pflanzsaison gibt im *Vleis*, dem Marschland der Stadt, und auf dem Land. Das hier ist vor allem ein Land, das von der Landwirtschaft lebt, wir werden beherrscht von den Launen des Bodens und den Unsicherheiten der Jahreszeiten.

Ein glänzender silberner BMW gleitet über die Straße und hält vor unserem Eingang. Ich schaue vom dritten Stock herunter, aber selbst aus dieser Höhe erkenne ich Irene, wie sie herausspringt – leichtfüßig, ein kleines Mädchen, das Seil hüpft im Park auf der anderen Straßenseite, als ob sie nicht die Bürde dieses Doppellebens trüge.

Wenn man den Erinnerungen älterer Leute zuhört – jenen, die lange vor der Unabhängigkeit geboren wurden und die meiste Zeit in Rhodesien gelebt haben – könnte man meinen, dass es ganz früher solche Probleme nicht gab. Heutzutage sind die Zeitungen voll mit Geschichten von Vergewaltigung, Kindesmissbrauch und sexueller Belästigung. Die Probleme gab es damals genauso wie heute, aber wie soll man sie aus der Welt schaffen? Wer warnt davor? Wer wagt es zu bestrafen? Stellen wir jemals die Schuldigen oder jagen wir nur die Opfer? Und die Grenze ist fließend zwischen diesen beiden Kategorien, genau wie die Bestimmung des Wasserstands in der Trockenheit. Worte ohne das Gewicht der Autorität streichen vorüber wie die trockenen heißen Oktoberwinde über langes Gras und bewegen nicht einmal Zweige und können auch keinen Baumstamm ernsthaft herausfordern. Unsere Kinder wohnen hoch oben, versteckt in Baumhäusern, die ausgestattet sind mit den neuesten R & B-Musikvideos, Ragga-CDs, Videospielen und einem abwesenden Blick in ihren Augen: Sie starren, träumen, wünschen sich in Richtung Amerika. Sie bereiten sich aufs Fliegen vor.

Während wir unsere Beine auf dem kitzligen Gras ausstrecken, unsere Hände im Schoß falten und auf den Boden schauen, als ob dort die Antworten sprießten. Wir berufen uns auf die Vergangenheit und auf *Vadzimu*, die Geister, damit sie uns Orientierung geben, aber das sind nur die Mächte der Erde. Wenn Michael Jordan vorbeirauschen und unserer Jugend einen Rat hinhauen würde – zu Fragen der Moral und gutem Benehmen –, er hätte wohl mehr Glück als *Vatete*, die Tante.

Ich höre ihre Schritte auf der Feuerleiter aus Eisen und dann ihr Getrappel im Flur, wie sie nach dem Schlüssel sucht und dann die Tür aufstößt, wie sie in sich hineinkichert – atemlos, überschäumend, voller Neuigkeiten. Sie erwartet nicht, dass ich schon so früh von der Arbeit zurück bin, und stellt ihre Schultasche im Flur neben dem Telefon ab. Sie nimmt den Hörer ab und wählt.

»Tendai, bitte . . . Tendai! Er hat mich nach England eingeladen! Glaubst du, er meint das ernst? Was soll ich ihm sagen, Tete? Ich hab nicht mal einen Pass. . .«

Ich trete aus dem schummrigen Wohnzimmer und sehe sie an ... sie sieht mich an ... das Leuchten verschwindet aus ihrem Gesicht ... das Feuer aus ihren Augen ... die Kinnlade fällt herunter ... sie lehnt sich gegen die Wand.

*

Meine junge Nichte geht mit einem verheirateten Mann aus. Einem Sugar Daddy. Das ist das Drama hinter der Bühne, das ich nicht wahrnehmen wollte. Jetzt kratzt der Rauch meinen Hals, treibt mir beißende Tränen in die Augen, meine Nasenlöcher sind verschmort, mein Haar ist angesengt.

Irene glüht wie ein Kohlenfeuer, sie sprüht gelb-rote heiße Funken, gefährlich genug, um mich in Flammen aufgehen zu lassen.

Zuerst habe ich die neuen Schuhe gefunden, der teure Geruch nach echtem Leder und Schuhcreme hat mich zu ihnen geführt. Sie waren unter das Bett geschoben worden, ganz hinten in die Ecke an der Wand in dem Zimmer, das sie mit Sungi teilt; importiert, mahagonifarben mit Blockabsätzen aus Holz, eine Größe zu klein für sie. Darunter lag ein Bild von Grace, strahlend in ihrem Hochzeitskleid, aus der *Parade* herausgerissen. In den Schuhen lagen eine Kinokarte und eine Silberkette mit einem Herzchenanhänger.

Im Badezimmer fand ich kleine Fläschchen mit Duschgel und Shampoo aus dem Monomatapa Hotel, solche, die man in Gästezimmern vorfindet.

In der Küche fand ich eine dunkelgrüne Schachtel, auf der »Nandos« in großen roten Buchstaben gekritzelt stand, sowie die Reste von teurem Hähnchen in Zitrone und ein paar Essigchips.

Sie wollten nicht, dass ich mit zwei Kindern alleine lebte. Wie kann eine Frau alleine leben? Sie haben mir Irene geschickt. Als Köchin, als Babysitter, als Anstandsdame. Noch eine Person mehr in meiner winzigen Wohnung, noch ein Körper in dieser räumlichen Enge. Und als Gegenleistung versprach ich meinem Bruder, dass ich einen Teil meines Gehalts und meines Unterhalts abzwacken würde, um sie zur Schule zu schicken, damit sie ihre A-Levels in einer guten Schule in der Stadt machen konnte.

Und was für eine Art Bildung ist das jetzt hier?

*

Sieben Tage lang umhüllte ich mich mit einer schützenden Decke aus Schweigen. Ich ging umher wie im Traum und verrichtete mechanisch mein Tagwerk, dabei verspritzte ich Worte wie ein *N'anga*, ein Heiler, um die bösen Geister zu vertreiben. Ich grüßte Mr. Ncube am Morgen, ich machte die Kinder für die Schule fertig, brachte sie hin, ging zur Arbeit, kam aus dem Büro und kochte das Abendessen, und dabei spritzte und sprenkelte ich Wörter in alle Richtungen, die so schnell trockneten wie ein Nachmittagsschauer. Niemand bemerkte, dass etwas nicht in Ordnung war. Sie merkten nicht, dass ich sie durch einen Nebelschleier sah, sie merkten nicht, dass mein Blick getrübt war. Von dem Tag an gelang es mir nicht mehr, seinen Namen auszusprechen oder ihn Baba Tsungayi zu nennen oder auch nur Baba. In meinem Kopf wurde er der offizielle Mr. Ncube.

Ich ging auch nicht zur Kirche und hörte nicht eine einzige Predigt in dieser Woche. Ich ging zur Arbeit. Ich bewegte mich in seinem großen geräumigen Haus, meinem ehemaligen Heim, und suchte nach Anhaltspunkten, die ich lieber nicht gesehen hätte, und auch nach der Wahrheit, die es hier einmal gegeben hatte – Rauch, Glühen, Lodern – eine Zeit lang. Deshalb war ich von der *Kitchen Party* geflohen: Ich konnte das selbstverständlich gelebte, atmende menschliche Dasein nicht mehr ertragen. Ich konnte es nicht. Also konzentrierte ich mich auf die ungelebten Spuren – Mr. Ncubes fehlende Kleider. Wo hatte er seine ausgebleichte grüne Freizeitjacke aus Cord oder seine graurotgestreifte Krawatte gelassen? Die Initialen L. M., die lässig auf seinen Scheckbuchabschnitten über die Beträge von tausend, zweitausend, manchmal fünftausend ausgeschrieben waren. Er kam spät nach Hause und hatte keinen Appetit mehr. Er war müde, ausgelaugt und verschlief häufig. Vorher, in einem anderen Leben, war er jeden Morgen um fünf aus dem Bett gesprungen.

Wie hatte ich das übersehen können? Natürlich hatte ich es gespürt, doch ich hatte es nicht in Worte fassen wollen – nicht einmal in meinem Kopf. Worte können dich überfallen (aus dem Hinterhalt) oder ertränken.

Schließlich kam ich in jener Nacht nach Hause, in sein großes Haus mit seinem riesigen Garten und seinen unerhörten Autos. Ich wusste nicht, was ich sagen oder machen sollte, doch Mr. Ncube nahm an, ich hätte ein bisschen zu viel getrunken auf der Party, ermuntert von Saru natürlich, und drehte sich um und schlief weiter. Ich zog mich aus, legte mein Kleid sorgfältig in den Wäschekorb und legte mich neben meinen Mann. Ich wusch mich nicht und putzte mir auch nicht die Zähne, ich lag nur nackt auf den kühlen Laken und lauschte dem nächtlichen Chor der Grillen draußen vor dem Fenster, dem Bellen des Nachbarhundes, dem gelegentlichen Geräusch eines vorbeifahrenden Autos. Er atmete tief, und ich hörte meinen Mann, den Vater meiner Kinder, einatmen, ausatmen . . . Er war mit sich im Reinen.

Ich aber nicht. Sein Atem füllte, vergiftete meine Lungen, mein Blut, mein Herz und meinen Kopf jeden Tag sieben Tage lang, bis sich eine große Welle von Worten ergoss, aus meinem Bauch gespien, und sich über seinem Kopf brach.

Manche Worte sinken tief auf den Grund, unter den Wasserspiegel.

*

Saru bekam die Information aus ihr heraus – irgendwie, auf ihre kurze bündige Art. Saru glaubte nicht an Unterströmungen. Mir wurde nur sein Name mitgeteilt und wo er arbeitete, und dann blickte Saru mich an mit ihren sprechenden Augen und ich wusste, was ich zu tun hatte.

Aber man kann nicht einfach in das Büro von irgendjemand einfallen, ihn einer Reihe von Sünden bezichtigen und dann wieder hinausrauschen. Oder? Mein erster Impuls war, einen Mann zu bitten, einen Verwandten, das für mich zu tun, aber wie sollte ich die Situation erklären, ohne Irene den Sanktionen durch die Familie auszusetzen? Ich ging damit nicht so um, wie es sich gehörte. Aber wie gehörte es sich denn? Wie gehört es sich denn? Meine Gedanken wurden nicht ausgesprochen, aber Wellen kräuselten sich über meinen Augen in der Stille des Sonntagnachmittags. Saru redete. Sie sagte: »Hannah, meine Freundin, habe ich dir jemals von den Afrikanern in Frankfurt erzählt? Heutzutage gibt es viele Afrikaner in Europa, sie kommen von überallher aus dem gesamten Kontinent, aber

Hans hat eine besondere Vorliebe für die Westafrikaner, die Nordafrikaner, die Moslems. Eines Tages brachte er einen aus Algerien, einen aus dem Senegal und einen aus Mali mit nach Hause – Länder, die weder du noch ich jemals gesehen haben. Sie alle, alle vier Männer, setzten sich hin und begannen, über den islamischen Glauben zu diskutieren und ob er die Frauen unterdrücke. Alle vier saßen da und waren übereinstimmend der Meinung, dass das nicht der Fall sei, dass der Islam die Frauen wertschätzte und respektierte und vor allem der Koran sehr ausgewogen sei, gerecht, wenn es um die Angelegenheiten von Männern und Frauen ging. Dem Koran zur Folge kann ein Mann vier Frauen haben. Alle vier Männer diskutierten lautstark die Bedeutung und die historischen Gründe für diese Tradition. Dann wandten sich meine afrikanischen Landsleute an mich und sagten: »Wie ist das bei euch in Simbabwe?«

Ich blickte jeden Einzelnen von ihnen an, wie sie glühten von der Anstrengung intellektueller Übungen, und ich erklärte ihnen Folgendes: »In Simbabwe ist die Situation genau umgekehrt. Eine Frau darf bis zu acht Männer heiraten.« Sie waren vollkommen schockiert, Übelkeit schien in ihnen hochzusteigen, ihre Hände zitterten vor Selbstgerechtigkeit, und sie spuckten fast gleichzeitig aus: Aber woher wisst ihr dann, wer der Vater des Kindes ist? Einer erklärte: Das ist ekelhaft. Eine Frau kann nicht mit so vielen Männern schlafen. Das ist widerlich. Und ein anderer sagte: Wessen Name trägt das Kind?

Ganz ruhig erklärte ich ihnen, dass es uns egal war, wer der Vater des Kindes ist: dass alle meine Ehemänner harmonisch zusammenlebten und das Kind ernähren würden, das natürlich meinen Familiennamen trage, genau wie meine Ehemänner. Wir, das machte ich deutlich, empfänden dies nicht als ekelhaft, denn es sei unsere Tradition, unsere Kultur, unser Erbe – jede Frau, die es sich wirtschaftlich leisten konnte und es so wollte, könnte bis zu acht Ehemännern haben.

»Aber woher weiß dann der Mann, welches Kind er gezeugt hat?«, sagte einer. »Jeder afrikanische Mann will ein Kind haben, von dem er genau weiß, dass es seins ist.«

Das würde sich kein Mann gefallen lassen. Das ist unnatürlich, sagte der andere und der dritte fügte hinzu: »Was sind das für Männer, die ein so schockierendes Verhalten ertragen? Sind das wirklich Männer?«

Ich erklärte die Situation, machte ihnen geduldig klar, dass es für uns keine Bedeutung habe, wer das Kind gezeugt hatte. Wichtig war zu wissen, wer die Mutter war – schließlich könne jedes Sperma eine Frau schwängern, aber nur die Frau kann das Kind gebären. Deshalb freuen sich alle Männer, wenn ihre Frau schwanger wird, und das Kind wird in eine liebende Familie mit Vätern, die sich darum kümmern, geboren. Sie sind alle der Vater des Kindes, weil keiner weiß, wer der biologische Vater ist. Außerdem, so erweiterte ich meine Theorie: Keine Frau lässt auch nur die leiseste Untreue eines ihrer Ehemänner zu.

Und schließlich erinnerte ich sie daran, dass kein Mann, nirgendwo auf dieser Welt, niemals ganz sicher sein kann, dass das Kind seines war, denn nur die Frau besitzt dieses Privileg.

Während dieses ganzen Gesprächs hatte Hans verblüfft geschwiegen und sah mich an, als würde es ihm wie Schuppen von den Augen fallen. Nachdem seine Freunde gegangen waren, kopfschüttelnd und vor sich hinmurmelnd, wie barbarisch, unzivilisiert man dort im südlichen Afrika sei, fragte Hans mich, warum ich diese Lügen aufgetischt hätte. Ich antwortete ihm nur: »Ich bin müde.«

*

Unser Klima hat sich geändert. Wir hatten immer eine ganz genaue Regenzeit, und wir lernten in der Schule, dass sich die Hitze über den Tag aufbaute, am Nachmittag sich die Kumuluswolken bildeten und dann ein kurzer, heftiger Regenguss folgte, der etwa eine Stunde dauerte, und das war es dann. Der Himmel war blank geputzt und die Erde roch frisch nach Regen.

In den letzten Jahren allerdings hat sich die Regenzeit gewandelt. Es ist den ganzen Tag bewölkt und dann nieselt es, wie in England. Wir sind an diese Art von Regen noch nicht gewöhnt. Manche schreiben es der globalen Erwärmung zu, manche behaupten, es hätte religiöse Bedeutung. Aber was mich betrifft, oder soll ich sagen, ich, ich weiß nicht, was es ist. Es gibt bei uns immer noch Gewitter, und einige sagen, mächtige *N'angas* können einen Blitzschlag direkt zu einer Person oder einem Haus schicken. Aber ich, ich komme hierher mit Wasser auf meiner Zunge, die Hitze ist in meiner Handfläche, und Berge und Täler sind in meinem Herzen versteckt.

»Mein Name ist Hannah Ncube. Wir kennen uns nicht, und es tut mir sehr Leid, dass ich Sie störe, ohne dass wir verabredet sind. Ich habe ein Problem, Mr. Kanyangarar, ich glaube, mit Vornamen heißen Sie Fidelis. Was bedeutet dieser Name? Hat es etwas mit dem Wort Treue zu tun? Welch eine Ironie. Wissen Sie, mein Mann hat mich betrogen. Mit einer anderen Frau. Ich weiß, wie sich das anfühlt. Es tut weh.«

Es ist Oktober und wir warten auf den Regen.

»Wissen Sie, ich hatte trotzdem Glück. Ich habe immer mein Gehalt auf mein eigenes Konto eingezahlt. Und als ich gegangen bin, war es schwierig, sich von einem so großen Haus und all den Annehmlichkeiten, die wir uns von dem Geld meines Mannes leisten konnten, zu verabschieden, aber . . . ich weiß nicht, vielleicht habe ich zu lange bei den Missionaren zugebracht, aber ich konnte nicht. Ich konnte damit nicht leben. Also hatte ich das Glück, als ich gegangen bin, dass ich immer mein eigenes Bankkonto behalten hatte. Nicht alle Frauen behalten ihr eigenes Geld, viele geben es ihren Männern, wissen Sie. Ich kann die Miete meiner kleinen Wohnung bezahlen, und seine Firma bezahlt das Schulgeld der Kinder, natürlich, aber ich bezahle Irene von meinem eigenen Gehalt. Ich war immer eine große Anhängerin von Bildung. Viele beklagen sich darüber, wie ich durch meine Ausbildung geworden bin, also entschuldigen Sie bitte, wenn ich ein bisschen unkonventionell daherkomme, ja?«

Ein Regentropfen, der an einer Fensterscheibe herunterrinnt, fängt Staub ein, und wenn ein Sonnenstrahl ihn trifft, dann ist darin ein Regenbogen gefangen. Gebrochen. Gespiegelt.

Es ist Oktober und wir warten auf den Regen. Es ist heiß.

»Was machen Sie mit meiner Nichte, Mr. Kanyangarara?«

Ganz unvermittelt schleudere ich die Anschuldigung aus meiner steinernen Festung von der Spitze des Berges. Worte aus Feuer und Eis. Ich bin verantwortlich für diese Produktion. Ich möchte sie nicht vermasseln.

Aber er ist weit unter mir, duckt sich hinter seinem Schreibtisch. Vor seinem großen Fenster draußen in der Hitze fallen leise die violetten Jakaranda-Blüten auf die kochend heißen Pflastersteine oder auf den schmelzenden Teer und werden geschmort, geröstet, gegrillt, bis sie fleckig braun sind.

»Nichts, gar nichts, Mrs. Ncube. Das ist ein ... Missverständnis ... « Ich schaue ihm tief in die Augen, und er spürt die Hitze, der Schweiß rinnt ihm von der Stirn, und er rutscht auf seinem Stuhl hin und her, steckt einen Finger in den Kragen unter dem Knoten seiner Krawatte und ringt nach Luft.

»Wenn Sie diesem ›Missverständnis‹ kein Ende setzen, dann, ich warne Sie, wird das schwer wiegende Konsequenzen haben. Ich werde es Ihrer Frau sagen.« Ich atme tief durch, nehme so viel Luft auf, dass meine Lungen ganz gefüllt sind, und dann atme ich aus, ganz scharf, durch meinen Mund, und puste ihn um mit einem starken Bergwind voller Regen. »Ich sage es Ihrer Frau und Ihren Kindern. Ich werde von Ihrer Familie Schadenersatz verlangen. Ich werde es Ihren Kollegen ins Ohr flüstern. Ich werde übertreiben, es ausschmücken, die Geschichte ausarbeiten – sie ist schwanger, das Risiko von HIV, sie ist vierzehn, nicht siebzehn. Ich werde lügen, um Sie zu beschämen, denn ich mache Sie verantwortlich. Sie sind erwachsen, ein verheirateter Mann, Sie sind Vater. Sie ist eine Jugendliche, ein Mädchen, ein Kind. Wie können Sie es wagen?«

Ich puste die dünne Luft bis nach ganz oben, die Atmosphäre, die den Kopf leicht macht – ich kann davonfliegen.

Aber er, er, der Schuldige, duckt sich: eine Ratte vor dem Ertrinken, die versucht, sich an einen glitschigen, schleimi-

gen Stein zu klammern, bevor sie von der nächsten Flut-
welle mitgenommen wird. Er ist von Schrecken durch-
tränkt: Es zeigt sich an seinem Puls, der schnell an seinem
Hals schlägt, und an den Händen, die sich an seinem Kragen festhalten und verzweifelt versuchen, ihm Luft zu verschaffen. Was raubt ihm den Atem, frage ich mich, das Wasser oder der Rauch?

Er schrumpft im heißen Wasser. Er ist ausgebrannt wie
weiße Asche. Er interessiert mich nicht mehr.

*

Mai Sithole folgt ihm in *ihre* Wohnung in Strathaven. Sie
sitzt die ganze Nacht in ihrem Auto, das sie vor Block C ge-
parkt hat, benebelt die Scheiben und atmet ihr eigenes
Kohlendioxid ein. Als er am nächsten Morgen um halb sieben herauskommt, angezogen und bereit für die Arbeit, beobachtet sie, wie er in sein Auto steigt, den Motor startet
und losfährt. Um viertel vor sieben kommt *sie* raus, elegant
gekleidet, abgesehen von ihren *Bata takkies*, bequeme Can-
vas-Schuhe, die sie angezogen hat, um zur ET-Haltestelle
zu laufen. Ihre kunstlederne Handtasche hat sie über ihre
Schulter gehängt, und in ihrer rechten Hand trägt sie eine
TM-Plastiktüte, aus der Stilettos rausgucken. Um halb acht
kommt die Putzfrau, sie zieht den Schlüssel unter der Fuß-
matte hervor und geht hinein.

Mai Sithole sitzt in ihrem Auto und schwitzt. Gegen
zwölf taucht die Haushälterin wieder auf, versteckt sorgfältig den Schlüssel hinter der Topfpflanze neben der Tür,
schaut kurz bei ihrer Freundin nebenan vorbei und setzt
dann unbekümmert ihren Weg fort.

Mai Sithole wartet noch fünf Minuten, atmet noch einmal tief durch, steigt aus dem Auto, holt den Schlüssel aus seinem Versteck, schließt die Tür auf und schlüpft hinein. Das Radio haben sie angelassen. Sie stellt es lauter, es läuft Tsitsi Mawarierers Talkshow, sie reden über Polygamie, traditionelle stehen modernen Ansichten gegenüber.

Mai Sithole nimmt das Telefontischchen und schmeißt es in den Fernseher. Über dem Esstisch hängt ein Spiegel. Sie nimmt einen Stuhl und wirft ihn in ihr Spiegelbild, immer und immer wieder, bis Glassplitter in exakten geometrischen Formen auf den Boden fallen: Dreiecke, Vierecke, Achtecke. Sie zieht den Stuhl in die Küche und stopft ihn in den Ofen. Dann greift sie ein Fleischmesser und hackt auf die elektrischen Kabel ein, die vom Herd zur Wand gehen. Sie steckt den Stöpsel ins Spülbecken und dreht die Hähne auf, den für kaltes und den für warmes Wasser. Volle Pulle. Sie hebt den Kühlschrank an, dabei atmet sie schwer. Als er etwa einen halben Meter abgerückt ist, attackiert sie ihn mit dem Messer, Luft entweicht aus den Windungen der Kabel, sie atmen aus.

Mai Sithole geht hinüber ins Schlafzimmer, keuchend vor Anstrengung, zieht ihre Unterwäsche aus und steigt auf das Bett. Sie macht ihre Beine breit und uriniert auf die Zudecke. Sie nimmt ihr Messer heraus und schlitzt die Bettlaken auf und schneidet tief in die Matratze, bis das Innere herausquillt. Sie räumt alle Kleiderschränke aus: Männeranzüge, Damenkostüme, Sportkleidung, Unterwäsche und häuft alles auf das Bett. Sie nimmt ein Streichholz und hält es an einen Zipfel der drei Kissen. Sie packt das brennende Kissen auf den Kleiderhaufen.

Sie geht ins Badezimmer, steckt den Stöpsel in die Badewanne und auch den ins Waschbecken, dreht die Hähne voll auf. Sie öffnet den Arzneischrank und wirft den Inhalt in das wirbelnde Wasser. Sie holt einen halb-benutzten Lippenstift heraus, rubinrot, und schreibt längs unter den mannshohen Spiegel hinter der Tür in Großbuchstaben das Wort HURE. Dann geht sie zurück ins Wohnzimmer, nimmt die Stereoanlage, die noch immer die Meinungen der Anrufer sendet, reißt die Schnur aus der Steckdose in der Wand, stellt den jetzt stummen Apparat sanft auf den Boden und tritt mit dem Fuß in jeden Lautsprecher.

Mai Sithole öffnet leise keuchend die Tür, schließt sie hinter sich und wirft den Schlüssel über den Parkplatz in die Hecke. Sie steigt in ihr Auto, öffnet das Fenster, um frische Luft hereinzulassen, wendet und fährt davon.

Mrs. Phiri schluckt die Information herunter zusammen mit ihrem *Sadza* und *Lacto*, ein Porridgegericht aus Maismehl und Milchpulver. Sie sieht ihre Freundin, Mrs. Ndlovu, von der Seite an. Sie singen zusammen im Kirchenchor. Sie sagt: »Du lügst. Du bist nur eifersüchtig. Was willst du von meinem Mann? Warum willst du uns Probleme machen?« Sie steht vom Tisch auf, geht hinüber zur Spüle und dreht mit der linken Hand den Wasserhahn auf. Unter dem fließenden Wasser reibt sie sorgfältig das *Sadza* von ihrer Handfläche, ihren Fingern, kratzt es unter ihren Fingernägeln ab. Als sie den Wasserhahn zudreht, ist es ganz still in der Küche. Nur der Kühlschrank brummt noch und die Tiefkühltruhe. Mrs. Phiri nimmt ihre Einkäufe und geht hinaus durch das Tor nach nebenan in ihr Haus. Mrs. Ndlovu beendet ihre Mahlzeit in erstickender Einsamkeit.

Mr. Phiri kommt spät nach Hause. Eigentlich ist er seit letzten Mittwoch nicht mehr zum Abendessen nach Hause gekommen. Mrs. Phiri nimmt also ihre Bügelwäsche, setzt sich und lässt den Dampf in ihrem Kopf, so bleibt sie betäubt. Das Fernsehen flimmert vor ihren Augen, während ihr rechter Arm vor und zurück gleitet – mit besonderer Aufmerksamkeit für Kragen und Säume – über seine Hemden, seine Hosen, seine Unterwäsche. Sie will nicht denken, sie will sich nicht rückwärts erinnern und nicht nach vorne träumen. Das *Sadza* liegt nicht warm, schwer, wohl tuend, vertraut in ihrem Magen, sondern fühlt sich an wie ein Stein, ein unverdauter Klumpen. Sie atmet ein, atmet aus, erbricht ihr Innerstes, atmet ein, atmet aus. Sie atmet, aber der Nebel bleibt, füllt ihre Lungen mit Wassertropfen, bis sie hustet und spuckt, ein tiefes, feuchtes, röchelndes Bellen wie das Keckern einer Hyäne. Die Kinder verschwinden ins Bett, eines nach dem anderen, und sie bleibt noch bei der Sitcom sitzen, der Programmvorschau, der Dokumentation, der Werbung, dem Epilog, dem Wort zur Nacht. Ein christlicher »Gedanke«, über den man schlafen soll, die Sendezeit ist zu Ende. Der Bildschirm wird leer, dann flimmert's, und schließlich erscheinen farbige Streifen. Unten in der linken Ecke leuchtet in Digitalzahlen – 00:41:23. Während die Sekunden in die Zukunft flackern, starrt sie auf den Bildschirm.

Mr. Phiri schließt die Tür auf und wundert sich, dass im Wohnzimmer noch Licht ist. Er murmelt etwas vor sich hin und sucht nach dem Lichtschalter. Er erschrickt, als er seine Frau sieht, wie sie ihn anblickt. Er hat sie für eine Hexe gehalten, weil er benebelt ist vom Alkohol. Deshalb sieht er auch nicht den grauen Nebel hinter ihren Pupillen. Sie begrüßt ihn respektvoll: »*Makdaii enyu, Baba? Maswere seiko, Baba?* Wie geht es dir, Baba? Hattest du einen guten Tag?« Sie gehen beide in ihr gemeinsames Schlafzimmer. Im Nu ist er eingeschlafen und schnarcht laut. Sie liegt in ihrer Wolke und driftet davon. Am nächsten Morgen wacht er vor ihr auf. Er wäscht sich, rasiert sich, zieht sich an und wartet auf sein Frühstück. Mrs. Phiri liegt im Bett, ihre Muskeln fühlen sich leicht an wie Nebel. Er hat Hunger, sein Magen knurrt und verlangt nach Porridge, das Bier hat ein Loch hinterlassen. Sie erklärt, sie fühle sich nicht wohl, ihr Kopf sei ganz leicht, voller Regenwolken. »Aber heute Abend koche ich. Komm nach Hause, es gibt Curryhuhn heute Abend. Ich werde kochen, aber jetzt muss ich mich ausruhen.«

Mrs. Phiri erledigt nicht die Hausarbeit, sie bleibt den ganzen Tag liegen. Gegen Abend steht sie auf und beginnt in der Küche zu arbeiten. Sie taut Huhn auf, nur seine Lieblingsteile. Sie schneidet Zwiebeln und Tomaten für die Soße. Während das Huhn kocht, schlüpft sie ins Schlafzimmer und öffnet die Schublade des Ankleidetischs. Unter der zarten Unterwäsche und den Unterröcken sucht sie die kleine Tasche. In der Plastiktüte, die mehrmals gefaltet und festgezurrt ist, befindet sich ein kleineres rundes Bündel, das in Zeitungspapier eingeschlagen ist. Sie geht zurück in die Küche, öffnet das kleine Paket, reibt das Pulver zwischen ihren Fingern und streut etwas in die Hühnerbrühe. Schließlich kocht sie das *Sadza* so, wie er es mag, dabei verwendet sie *Upfu*, Maismehl, das seine Mutter geschickt hat.

Mr. Phiri ist an der Tür, sie hört seinen Schlüssel im Schloss und bückt sich, um die Teller aus dem Schrank zu nehmen. Auf dem Küchentresen liegt die Zeitschrift *Horizon* von diesem Monat. Auf dem Umschlag ist das Bild einer Frau, die ihrem Mann die Tür öffnet, als er am späten Nachmittag von der Arbeit kommt. Zwei Kinder laufen ihm fröhlich entgegen. Die Schlagzeile darüber lautet: *»Hapana muphuwira unopfuura Chibataura.* Nur *Sadza* geht wie die Liebe durch den Magen.« Er betritt ihre Küche und findet sie gegen die Kühlschranktür gelehnt, sie hält sich den Bauch, und vornüber gebeugt lacht sie hustend, hustet sie lachend.

Mai Celestina geht direkt in ihr Bett, ihr gemeinsames Bett und legt sich hinein – ungewaschen, ungekämmt, unbeweglich. Schon seit Tagen sind die Vorhänge zugezogen. Sie will nichts essen, sie sagen, sie sei krank. Sie spricht kein Wort, ihre Augen starren durch ihn hindurch, durch die besorgten Kinder, die neugierigen Verwandten, inquisitorisch fragenden Besucher. Sie kann sie nicht hören, nur das Geräusch der Toilettenspülung geht durch ihren Unterleib, das Klappern der Töpfe in der Küche reizt ihren Brustkorb, und das besorgte Flüstern der Kinder reibt, raspelt, feilt an der Aura von Ruhe, die sie umgibt. Sie liegt im Bett – ungerührt, zerrüttet, unwohl...

Und eines Tages kommt er und informiert sie, dass er es jetzt offiziell macht, dass sie sie akzeptieren und sie Mainini nennen muss, sie ist schwanger, und er hat schon mit den traditionellen Vorkehrungen begonnen, um sie zu seiner Frau zu machen,

Mai Celestina nimmt seine Worte auf, eines nach dem anderen, eines alle paar Sekunden, Stunden, Tage ... bis sie Gestalt annehmen in ihrem Kopf und sie Bilder sieht – sich selbst mit einem anderen Mann, Rache, süße Rache, Eifersucht anders herum, er wird betrogen, er ist der Hahnrei. Sie liegt da – unerfüllt, unbefriedigt, unglücklich.

Und eines Tages steht sie auf und geht sich waschen. Sie braucht lange, um sich zu reinigen, ihre trockene Haut einzucremen, Öl in ihr verknotetes Haar zu reiben. Sie setzt sich hin und isst, schlingt ihr Essen herunter, verschlingt große Mengen. Ihre Zunge schleudert Reden von sich, ihre Zunge, die dick belegt ist, und sie scherzt mit den Nachbarn und albert mit den Kindern.

Mai Celestina hat jetzt keine Angst vor der Konfrontation. Das Schweigen ist ersetzt durch Redseligkeit. Worte sind keine Bedrohung mehr. Ach, sie hat gehört, er hat einen neuen Herd für Mainini gekauft: Sie möchte auch einen und einen Kühlschrank. Mainini ist hübsch angezogen, sie trägt ein neues Kleid von Truworths: Sie möchte auch eines und Schuhe von Edgars. Mainini hat ein Hausmädchen: Sie möchte auch eines und eine Nähmaschine.

Aber Mai Celestina liegt immer noch auf ihrem Bett – sie denkt nichts, sie spürt nichts und fühlt nichts.

*

Worte können dich in die Falle locken. Du musst deine Schritte vorsichtig setzen, besonders bei denen, die sie achtlos aus ihren Mündern fallen lassen und nichts wissen über den Wert des Schweigens während einer Unterhaltung. Diejenigen, die nicht innehalten, wenn sie sprechen, sind meist diejenigen, die versuchen, dich einzufangen, und wollen nicht hören, was du zu sagen hast, nur weil es ihren Wasserfall eindämmen könnte, bevor du weggeschwemmt bist. Nimm dich in Acht.

Babamukuru kam eines Abends ohne Vorankündigung bei mir vorbei und fing schon an zu reden, bevor ich überhaupt die Tür ganz geöffnet hatte. Alles, was ich weiß, ist, dass ich gleich darauf in einem schnellen, eilig fließenden Strom über Steine in eine donnernde Welle getragen wurde, bis ich zu einem ruhigen See kam und ans Ufer gespült wurde, nur um festzustellen, dass ich in seinem Haus Ambuya gegenüber saß, die den ganzen Weg von Gwanda herübergekommen war, um mich mit ihrer Meinung wegzuspülen.

»Warum, mein Kind, hast du das meinem Sohn angetan?«

Ich machte den Fehler zu glauben, das sei eine Frage, und nutzte die Pause, um in meine inneren Reserven einzutauchen, um Kraft zu schöpfen von meiner geheimen Quelle. Ich versuchte, meine Gedanken auf die Reihe zu bringen, sah mich in dem Plüschzimmer um, das komplett in Adam-Beke-Eiche eingerichtet war. Deckchen, die Ambuya gehäkelt hatte, zierten jede denkbare Oberfläche, die Kopfteile sämtlicher Sessel aus rotem Chintz und das Sofa, den Couchtisch, den Fernsehschrank. Auch meine eigene Wohnung war voll von ihren Deckchen, obwohl ich seit Jahren welche wegschenkte. Über dem Kamin war eine Uhr aus Kupfer in der Form der Landkarte von Simbabwe mit den Viktoriafällen, die auf der einen Seite herunterfielen, festgehalten in ewig bewegungsloser Bewunderung durch die Metallform. Ein Stoßzahn aus kunstvoll geschnitztem Elfenbein hielt Wache am Eingang zum Esszimmer. Babamakurus Haus roch nach *Cobra*-Bohnerwachs und gekochtem Hühnchen. Diese Eindrücke gingen mir in wenigen Sekunden durch den Kopf. Ich nahm selbstverständlich an, ich hätte noch immer etwas Zeit, um mich zu sammeln, ich glaubte, sie würde sich bewegen wie das Wasser in einem Brunnen, so wie es das Verhalten derer ist, die älter und weiser sind. Ich irrte mich. Dafür war sie viel zu schlau und angespannt, und als sie merkte, dass ich noch Zeit hatte, mich gegen ihren Angriff zu wappnen, öffnete sie ihren Mund und überfiel mich wie ein Gewittersturm mitten im Winter.

»Wie konntest du das meinem Sohn antun, Mai Tsungayi?«

Das Netzwerk aus Worten verfing sich in meinem Denken, gegen meinen Willen, flüsterte mir den Preis des Lösegelds zu. Es war stickig, ich merkte, wie ich festklebte an ihren Erklärungen, gefangen in deren Ecken, niedergehalten durch deren Gewicht, wie es mich fesselte, würgte. Das Lösegeld, das ich bezahlen musste, sicherte mir den Zugang hinter die Kulissen und einen Platz im Publikum, danach würde ich zur Vollzeit-Schauspielerin werden – und an diesem Punkt würde sie mich aus dem Status der respektablen Ehefrau entlassen. Irgendwann einmal hätte ich genau das getan, aber mein Ehemann, ihr Sohn, hatte einen Teil von mir gebrochen. Ich glaube, es war der Wunsch zu schauspielern, den er zerstörte, und seitdem hatte ich das Interesse an den Nebenarmen des Redeflusses verloren und mich auf die Bergspitzen zurückgezogen.

Doch Ambuyas Worte waren bedrohlich genug, um mich von meinem hohen Ross herunterzustoßen und mich zu ertränken, denn sie waren beschwert von den Worten meiner Mutter, meiner Schwester, meiner *Auntie*. Es waren die Worte von Frauen, einer Frau, die ich geliebt hatte. Wie kommt es, fragte ich mich, dass ich jetzt die Angeklagte bin, ich diejenige bin, die sich verteidigen muss, ich diejenige bin, die vor Gericht steht? Ist das ein rhetorischer Trick? Oder ein dramaturgischer Kunstgriff? Die Atmosphäre ändert sich. Sie weiß nicht, dass ich nicht mehr zur Zunft der Schauspieler gehöre.

»Wo ist dein Sohn im Moment, Ambuya?«

Ihre Augen nahmen einen leidenden Ausdruck an, und sie ließ die Schultern hängen. Ich hatte ihren Redefluss unterbrochen. Ich konnte sehen, dass sie müde war.

»Wo ist dein Sohn jetzt, Ambuya?«

Das Tröpfeln des Wassers, das gerade hinwegsickerte, war Gesang in meinen Ohren, und der kühle frische Bergwind füllte fröhlich meine Augen.

»Mbuya, dein Sohn ist bei seiner Geliebten. Soll ich wirklich die Verantwortung übernehmen für seine Untreue? Soll ich Nacht für Nacht leiden, indem ich das Bett teile mit einem Mann, der mir in die Augen schaut und mich anlügt, ohne mit der Wimper zu zucken? Wird von mir erwartet, dass ich sein Essen koche und seine Hemden bügle, während er sich mit seiner Geliebten in der Stadt herumtreibt – nur für die Ehre, weiterhin Mrs. Ncube genannt zu werden? Soll ich das tun?

Jahrelang, Ambuya, hast du mir vorgeheult, dass dein Mann dich ständig kompromittiert hat, andauernd gedemütigt hat mit seinem nicht abreißenden Strom von Freundinnen. Wie viele Kinder hat er und mit wie vielen Frauen? Wir wissen es immer noch nicht und ach, wie hast du gelitten unter seinen Ehebrüchen, einen nach dem anderen. Du hast es mir so oft erzählt.

Und jetzt, jetzt hast du einen Sohn großgezogen, der das Gleiche machen darf und dabei blindlings in die Fußstapfen seines Vaters tritt? Wie kannst du deinen Sohn so erzogen haben, dass er eine andere Frau so schlecht behandelt? Der mir das antut, was sein Vater dir angetan hat? Wie kannst du bei deinem Sohn akzeptieren, was du bei seinem

Vater verabscheut hast? Wie kannst du es zulassen, dass ein Haus zweimal auf unsicherem Fundament gebaut wird?

Wenn du ihn nicht selbst für seine Fehler verantwortlich machen kannst, ich bin nicht bereit, die Schuld auf mich zu nehmen. Du bist schuld. Wenn du ihm keine Vorwürfe machen kannst für seine Fehltritte, dann nimm die Schuld auf dich. Mach nicht mich für die Handlungen deines Sohnes verantwortlich.

Ich werde nicht mehr so tun, als hätte ich das, was ich gesehen habe, nicht gesehen.«

Worte können, wenn sie erst einmal ans Ufer gelangen und sich ihren Weg bahnen durch das Dickicht, in das vorher noch nie jemand eine Schneise geschlagen geschweige denn einen Pfad freigetrampelt hat, töten und morden. Sie können schneiden und eine klaffende Wunde schlagen, tief eindringen bis in die inneren Gedärme, bis das dunkelrote Blut heraussprudelt, wie aus einem Brunnen, und dich umgibt mit dem stechenden Geruch nach verdauten Essensresten und Darmbewegungen und dich zum Schwitzen bringt vor lauter Hitze. Nimm dich in Acht.

Weil ich das wusste und gelernt hatte, unsere Ältesten zu respektieren, stellte ich nur die eine Frage – nur sieben Worte – und erlaubte dem Schweigen zu ernten, was sie gesät hatte.

Babamukuru, mein Mann, fand uns still und ruhig und brachte mich zu meiner Tür: Er ist verstummt, sprachlos.

*

Ich hasse sie überhaupt nicht. Weder Irene noch Lerato. Sie sind schließlich immer noch die Gleichen. Manche sagen, es ist unsere Tradition. Es ist unsere Kultur.

Lindsey Collen
Das Rätsel

»Ich will nicht, dass dir etwas passiert«, sagte Maries Vater.

Sprach's und ging aus ihrem Zimmer hinein in das einzige andere Zimmer des Hauses: das Zimmer, das gleichzeitig als Wohnraum diente.

Er machte beim Gehen immer dieses Geräusch, das an Percussion-Instrumente erinnerte, indem er mit dem Hausschlüssel und seinem Taxischlüssel, der an einem Dodo-Schlüsselanhänger hing, in der einen Hand und gleichzeitig mit der anderen Hand mit den Münzen in seiner Hosentasche klimperte.

Vor ihr auf dem Schreibtisch lagen ihre Hausaufgaben. Bedrückend. Vorwurfsvoll stand da das Thema für einen Aufsatz: »Etwas, das ich nicht ausstehen kann«.

»Mir passiert schon nichts«, antwortete Marie.

»Leider«, kritzelte sie schnell auf den Innenumschlag ihres Schulheftes. Und dann, genauso schnell, radierte sie es so heftig wieder weg, dass sie fast ein Loch in das ganze Ding machte.

»Flughafen«, sagte er noch. »Ich habe einen Kunden für den Flughafen.«

»Das ist gut, Vater. Da hast du Glück. Wenn der Tag mit einer so guten Fahrt beginnt.«

Als er hinausging, schloss er sie ein. Sie sah eine Wespe gerade noch rechtzeitig hinausfliegen.

Sie blickte aus dem Fenster, als wolle sie selbst hinausfliegen.

Marie merkte plötzlich, wie Worte aus ihrem Mund kamen. Sie murmelte in sich hinein: »Die Familie, reduziert auf Vater und Tochter.« Wie der Titel eines Aufsatzes.

Laut sagte sie: »Vater und Tochter und Schlüssel und Geld.«

Sie schauderte. Ihre eigenen Worte machten ihr Angst.

»Ich muss aufhören, Selbstgespräche zu führen«, dachte sie. »Schließlich hat er mich großgezogen.«

»Vater und Tochter und Schlüssel und Geld.« Der Gedanke kam von ganz alleine wieder. Darüber war sie verärgert. Beunruhigt.

»Auf jeden Fall fehlt da noch etwas«, dachte sie.

»Vielleicht ist es der blöde Dodo am Schlüsselanhänger«, dachte sie. Aber natürlich war er es nicht.

»*Etwas, das ich nicht ausstehen kann.*« Marie seufzte, wie nur ein Mädchen seufzen kann, wenn es auf ein leeres Blatt schaut, auf dem bisher lediglich die Überschrift für einen Aufsatz steht. »Ich kann es nicht abwarten, dass man mir einen Antrag macht«, dachte sie.

Plötzlich fiel ihr die fünfte Sache in ihrer Familie ein.

Das war es: *Vater, Tochter, Schlüssel, Geld und Warten darauf, dass jemand um ihre Hand anhielt.*

Hand. Als ob sie zerstückelt werden würde, oder? Oder als ob ihre Hand in eine Fallgrube geraten, in absehbarer Zeit hinuntergezogen und festgehalten werden würde?

Sie begann mit dem Aufsatz: »Mein Vater wartet auf jemanden, der um meine Hand anhält. Das ist etwas, das ich nicht ausstehen kann. Wenn ich nur die beiden Worte *geeigneter Junge* höre, packt mich schon die Wut ... «

Marie denkt an sein Auto. »Morgens damit aufwachen. Schuluniform an, zur Haustür. Ich mache zwei Schritte, nur zwei kleine Schritte, über den gepflasterten Weg unter den Ästen des Mangobaums hinaus in die herrliche Luft draußen. Und schon bin ich wieder drin. Die Autotür schließt sich neben mir.

Auf dem Weg fahren wir an Klassenkameradinnen vorbei. Die gehen zu Fuß. Ja, sie schwingen mit den Armen. Draußen an der frischen Luft. In Scharen. Albern herum. Sie werfen ihre Schultaschen in die Luft und fangen sie wieder auf. Sie nehmen Abkürzungen. Sie machen Halt am Kiosk und kaufen eingelegte Gurken und streuen Salz darauf und essen sie direkt da draußen in der Sonne. Der Wind lässt ihre Haare vom Kopf abstehen wie elektrisiert.

Das Auto meines Vaters bringt mich bis zum Schultor. Wieder mache ich zwei Schritte, zwei so kleine Schritte, als wären meine Füße zusammengebunden, über die wenigen Pflastersteine vor dem Eden College. Für zwei Sekunden erweitert sich die Straße an beiden Seiten zu einem Universum.

Schwindelgefühle.

Dann in den Korridor. Weg. Er fährt weg.«

Aber das schreibt sie nicht alles auf. Sie schreibt: »Mein Vater glaubt, das ist so, weil ich eine gute Ausbildung brauche. Damit ich einen *geeigneten Jungen* aus einer guten Familie bekomme, der einen guten Job hat.«

»Ob dieser Aufsatz wohl einen Anfang, einen Hauptteil und ein Ende haben wird?«, überlegt sie.

Unwillkürlich kommt Marie wieder das Auto in den Sinn. Zum Beispiel, wenn es in der Schule zum letzten Mal klingelt. Die anderen laufen wild durcheinander raus auf die Straße, sie rennen, lachen, kreischen. Sie geht zum Haupttor, und da ist es wieder. Das Auto. Die Tür schon offen.

Festgenagelt.

Festgenagelt vor Dankbarkeit, dass sie einen Vater hat, der sie so sehr liebt, dass sie nicht um zwei Uhr in der Mittagshitze herumlaufen muss.

»Ich kann das Warten auf einen Heiratsantrag nicht ausstehen. Das erinnert mich an meine Unzulänglichkeiten. Obwohl ich nie barfuß gelaufen bin, sind meine Füße rissig. Mein Haar ist trocken und an den Spitzen gespalten. Meine rechte Hand hat Mangoflecken.«

Diese Gedanken gehen ihr im Kopf herum.

Jetzt sind sie weg. Marie zittert. Leise zieht sie ein Stück Papier, sieht aus wie eine Quittung oder so, aus ihrer Schreibtischschublade. Das herauszuziehen, darauf hat sie gewartet. Ihr Name, ihr Alter: siebzehn Jahre. Ihr Geheimnis. Ist ihr etwas passiert?

Das Ergebnis des Tests. Sie liest schnell. Sie wusste es ohnehin die ganze Zeit. Ja. Da hat sie es, Schwarz auf Weiß: »Positiv«. Das Wort »positiv« hat so viele Bedeutungen.

Sie spürt die Schläge, die sie bekommen wird, jetzt schon. Ihr Vater und der Gürtel.

Sie sieht die Schule entschwinden. Der Gedanke entsetzt sie. Sie kennt das Wegsperren in ein Kloster, wie ein Gefängnis, das ihr bevorsteht. Sie spürt die Ächtung in aller Augen. Die starrenden Blicke bei der heiligen Messe. Und doch.

Ein Rätsel: Sie hat das Gefühl, das Warten hat aufgehört.

Ein Akt. Und es passiert etwas.

In ihr wächst Leben und wird in absehbarer Zeit für alle sichtbar sein. Öffentlich. Für ihre Freunde und Lehrer. Für alle. Ihr Vater wird damit konfrontiert sein.

Das wird ihre Familie sein.

»Die Familie, reduziert auf Mutter und Kind.« Das murmelt sie jetzt vor sich hin. Sie lächelt. Im Kloster gibt es noch mehr Schlüssel. Sie kann deren Klang bereits hören. Geld, um damit zu klimpern, hat sie nicht.

Doch wenigstens wird sie nicht mehr darauf warten, dass um ihre Hand angehalten wird.

Der Aufsatz bleibt unvollendet.

Farida Karodia
Das rote Samtkleid

Das Gesicht der blassen, ausgezehrten Gestalt, die unbeweglich im Krankenhausbett liegt, ist kaum zu erkennen. Vom Fenster aus beobachte ich, wie meine Tante mit Tränen in den Augen sich am Bettzeug zu schaffen macht. Sie streicht das Laken glatt und streichelt die knochige Hand auf der Tagesdecke. Die Finger dieser rechten Hand sind leicht gekrümmt – mit Ausnahme des gestrengen, unnachgiebigen Zeigefingers, der in einer anklagenden Geste festgefroren zu sein scheint.

Ich wende mich ab von diesem Bild und schaue auf das schmale Rasenstück draußen. Eine ältere Frau, die ein Krankenhausnachthemd und Hausschuhe trägt, sucht sich langsam und schmerzvoll ihren Weg über den Rasen. Eine Tür am Ende des Flurs wird geschlossen, und aus der Stille heraus höre ich das sich nähernde Quietschen von Kreppsohlen auf den Gummifliesen.

Die Krankenschwester betritt den Raum und lächelt aufmunternd, als sie meine Tante begrüßt. »Ihre Schwester hat uns alle überrascht, nicht wahr Mrs. de Wet?« Ihr Ton ist ruhig und krankenhausmäßig, während sie das Krankenblatt meiner Mutter studiert.

»Manchmal wundert man sich, wie viel so ein armer Körper aushalten kann. Es gab ein Problem nach dem anderen. Wir hatten nicht mehr viel Hoffnung für sie. Nicht, wenn man gesehen hat, wie der Krebs sich ausbreitete. Aber Sie sehen ja, sie ist immer noch unter uns. Es liegt jetzt nicht mehr in unseren Händen.«

Meine Tante dreht den Kopf zu mir. »Schwester, das ist Katrina, Wilhelminas Tochter.«

Der Blick der Krankenschwester geht zwischen uns hin und her, dann nickt sie wie abwesend und sagt: »Nun, ich lasse Sie beide jetzt allein. Guten Tag, Mrs. de Wet.« Ihre Augen zielen erneut auf mich, bevor sie aus dem Zimmer rauscht.

*

Es ist 25 Jahre her, seit ich meine Mutter das letzte Mal sah. Es war mein letzter Tag vor Gericht, und sie stand vor dem Gerichtsgebäude und beobachtete, wie ich mich zu dem wartenden Kastenwagen schleppte, die Hände und Füße in Ketten.

Für einen kurzen Moment waren unsere Blicke ineinander gekrallt. Dann war sie weg. Aufgesogen von der Menge. Ich habe nur wenige Erinnerungen an diesen Tag, vage Eindrücke von Menschen, von Stimmen, dem Flattern der roten Richterrobe und dem Staub, den der Verkehr aufwirbelte. Die Dumpfheit hatte bereits von mir Besitz ergriffen, als ich die Zelle betrat, um meine Haftstrafe anzutreten.

Heute, drei Monate nach meiner Entlassung aus dem Gefängnis, habe ich auf die dringenden Bitten meiner Tante reagiert und stehe nun am Bett meiner Mutter, die langsam entgleitet.

Die Sonnenstrahlen fangen sich in ihrem Haar, das mit dem Kissen verwoben scheint wie die Fäden in einem Spinnennetz. Unter diesen feinen Haarsträhnen sieht ihre Kopfhaut zart und rosa aus. In meiner Kindheitserinnerung hat meine Mutter volles rotbraunes Haar, das wie eine Krone auf ihrem Kopf geflochten und befestigt ist.

Meine Tante fuhrwerkt immer noch herum. Sie ist zehn Jahre älter als meine Mutter, da aber die Krankheit meine Mutter ausgelaugt hat, wirkt meine Tante wie ihre jüngere Schwester. Ich strecke vorsichtig meine Finger aus, um die Haarsträhnen, die sich auf dem Kissenbezug ausbreiten, zu berühren.

»Sie hat so viel Haar verloren seit Beginn des Krebses«, sagt meine Tante. »Ich habe dir davon geschrieben.«

Meine Tante war die Einzige, die mit mir in Verbindung geblieben war. Sie war die Einzige, die geglaubt hatte, dass mein Vater all diese unaussprechlichen Dinge getan hatte, die ich ihm vorgeworfen hatte.

»Katrina, ich weiß, dass sie dir in ihrem Herzen vergeben hat.«

»Hat sie niemals meinen Namen erwähnt?«, frage ich.

Meine Tante schüttelt den Kopf und senkt ihren Blick.

Ich studiere das stille Gesicht meiner Mutter. Ich würde so gerne Liebe fühlen oder Reue, doch in mir ist nichts als diese kalte Leere.

Auf dem langen Weg ins Gefängnis hatte ich alle Tränen geweint. Ich hatte meine Seele ausgeleert. Der vertraute Wutstoß kommt zurück, wenn ich mich an die Jahre erinnere, die ich im Gefängnis verbracht und auf ein Wort von ihr gehofft und darum gebetet hatte. Es kam kein Wort. Es gab nur Schweigen, das sich zum Zerreißen gespannt zwischen uns ausbreitete und vor Wut und Verdammung bebte.

Der Kiefer meiner Mutter zittert, und ein Gurgeln löst sich tief in ihrer Brust wie ein erwachender Vulkan. Erschreckt horchen wir auf, doch Mutters Atem findet zu einem ruhigen Rhythmus zurück.

Erinnerungen kommen zurück.

Pa hatte mich *Katjie* genannt – Kätzchen, eine Ableitung meines Namens Katrina. Es war ein Name, den er benutzte, wenn wir beide allein waren. Ein Name, den ich immer mehr verabscheute. Später, in der Schule, machten meine Klassenkameraden daraus *Katjie Kleuring* – Farbiges Kätzchen –, eine abschätzige Bezeichnung.

»*Killer*«, das dritte Schimpfwort, kam später.

Nach meiner Gefangennahme trug es jeder auf den Lippen, um mich an das zu erinnern, was ich getan hatte. Ich brauchte keine Erinnerung. Ich werde das Bild von dem schockierten Gesicht meines Vaters mit ins Grab nehmen – seinen entsetzten Blick, als ich den Lauf hob und auf den Abzug drückte.

Die Stimme meiner Tante unterbricht meine Gedanken. »Komm, Katrina. Lass uns nach Hause gehen. Wir kommen später wieder. Im Moment können wir nichts tun. Wilhelmina weiß nicht einmal, dass wir hier sind.«

Ich folge meiner Tante aus dem Zimmer und bleibe in der Tür stehen, um noch einmal einen Blick auf die Gestalt im Bett zu werfen.

»Was du brauchst, ist ein gutes, selbst gekochtes Essen«, sagt sie. »Schau dich an. Du bist nur Haut und Knochen.«

Ich bin so erschöpft. Selbst die kleinste Bewegung scheint enorme Anstrengungen zu kosten.

Zu Hause schiebt meine Tante einen bequemen Stuhl für mich auf die Veranda, dann geht sie in die Küche. Ich lehne mich im Stuhl zurück und versuche, Frieden zu finden, aber den gibt es nicht. Erinnerungen und Gefühle des Bedauerns durchziehen meine Gedanken. Ich kämpfe darum, alles hinter mir zu lassen, doch die Vergangenheit liegt auf mir wie ein dunkler, feuchter Nebel.

Meine Tante kommt zurück und leistet mir Gesellschaft. Sie zieht sich einen anderen Stuhl näher heran, nimmt meine Hand und spricht leise über die christliche Tugend des Vergebens mit mir.

Die kalte Leere hat mich immer noch im Griff, ich habe nichts zu sagen. Nach einem langen Schweigen zwischen uns geht meine Tante wieder in die Küche und macht Tee. Ich bleibe draußen sitzen, allein und vollkommen überwältigt. Mein Kopf dröhnt. Es fühlt sich an, als wären Nägel in meinen Schädel geschlagen worden. Ich kneife meine Augen zusammen und versinke in das Dunkel, in dem ich immer Zuflucht gefunden habe. Aber heute gibt es kein Entkommen für meinen Terror. Das Dunkel ist von Dämonen erfüllt, die mit den Flügeln schlagen. Aus dem schrecklichen Dunkel steigt ein vertrauter Refrain an die Oberfläche. Gedämpft und entfernt zunächst, dann immer lauter und eindringlicher, bis er alles andere übertönt.

»*Katjie Kleurling . . . Katjie Kleurling.*« Der Gesang hypnotisiert mich. Seine Monotonie hält mich gefangen. Ich bin wieder acht Jahre alt.

»*Katjie Kleurling . . . Vieslike leerling!*« Bessie Grobbelaar singt so laut sie kann, während Hanna und Elsie das Hüpfseil schlagen.

»*Katjie Kleurling!*« Die Worte »Dreckige Farbige« klingen noch lange in meinen Ohren, nachdem das Seil schon aufgehört hat zu kreisen. Die Ablehnung durch meine Klassenkameradinnen quält mich.

Ich finde wenig Trost in Mutters Beteuerung, dass ihre Urgroßeltern mit der zweiten Welle holländischer Siedler gekommen waren und dass ihre Urgroßtante Katrina van der Walt war.

»*Katjie Liefling ... Katjie Liefling ... !*«

Als Erster hat Pa mich so genannt: *Katjie Liefling* – Kätzchen Schätzchen. Ich war erst fünf Jahre alt und glaubte, er liebt mich.

Das Hüpfseil dreht sich schneller. Bessie duckt sich, hüpft rein, springt fünfundzwanzig Mal und hüpft wieder raus.

Vom anderen Ende des Schulhofes beobachte ich alles, mit fest geballten Fäusten, die Höcker weiß und blutleer, und das Herz schlägt in mörderischer Wut. Plötzlich gibt es in meinem Kopf eine Explosion, und ich werfe mich in ihre Mitte, schlage wild um mich und bleibe mit meinen Beinen im Seil hängen. Sie schreien in gespieltem Entsetzen und rennen lachend und kreischend davon. »*Mal Katjie! Mal Katjie!*« Verrücktes Kätzchen.

Blind vor Wut und Tränen stolpere ich davon und falle auf den unebenen Fußweg. Ihre schrillen Stimmen verfolgen mich und beschämen mich noch mehr.

Einigen von ihnen gehen bald die Schimpfwörter aus, doch ein paar Stimmen singen immer noch: »*Kroeskop! Kroeskop!*« Der abfällige Hinweis auf meine Haare erinnert mich bitter daran, dass ich nicht zu IHNEN gehöre. Ich fasse mit den Hände nach oben, um mein Haar, dass wie Büschel aus getrocknetem Stroh von meinem Kopf absteht, zurückzustreichen.

Mit dem Gesicht auf dem Boden rieche ich die Erde, die feucht ist von meinen Tränen.

*

Geräusche aus der Küche holen mich aus der Vergangenheit zurück. Meine Augen öffnen sich im Sonnenlicht, das auf einem Gartengerät glitzert. Der süße Geruch von frisch gebackenem Brot erfüllt die Luft. Es rührt mich, was für Umstände sich Tante meinetwegen macht. Ich kann mich nicht daran erinnern, dass jemand jemals etwas Besonderes für mich getan hat. An Ma erinnere ich mich nur als eine Zuchtmeisterin: Von ihr kamen nur Bestrafung und Schmerz.

Meine Mutter war eine strenge, kompromisslose Frau, deren Existenz durch die Grundsätze ihrer Religion bestimmt war. Es gab Zeiten, da schien es, als hätte mich Ma von dem Augenblick an gehasst, als ich geboren war. Doch es gab auch Zeiten, da sah ich uns beide zusammen, und ihre Wärme umfing mich wie eine Sommerbrise.

Im Nachhinein ist es schwierig, genau zu entscheiden, wann sie sich änderte. Vielleicht vertue ich mich auch, und es stand nie etwas zwischen uns. Ich war sowieso immer eine Außenseiterin: mein widerborstiges Haar und meine dunkle Haut, nicht normal zwischen all dem Blondhaar und den blauen Augen in unserer Gemeinde. In der Kirche spürte ich immer, wie diese blauen Augen mich verfolgten, sich durch mich hindurchbohrten. Ich habe niemals aufgehört, mich darüber zu wundern, wie die Kirchengemeinde mit ihren engen vorwurfsvollen Augen und den verächtlich zusammengepressten Lippen diese wieder öffnen konnten, um den Herrn zu preisen.

Manchmal dachte ich, dass mir meine Mutter absichtlich Pein bereiten wollte. Morgens trieb mir die qualvolle Routine des Haarekämmens Tränen in die Augen, während meine Mutter mich zwischen ihren Knien festhielt, damit ich nicht entweichen konnte, während sie versuchte, die Knoten zu entwirren.

Nellie, meine beste Freundin – vielleicht die einzige Freundin, die ich je hatte – half mir, die Quelle meines Elends loszuwerden – mein Haar.

Nellies Vater Piet, ein Farbiger, arbeitete auf unserer Farm, und ihre Mutter Anna half bei uns in der Küche. Nellie war vier Jahre älter als ich, aber wir waren zusammen aufgewachsen und hatten eine gemeinsame Geschichte, die bis in die frühe Kindheit zurückreichte.

Wir benutzten die Messer, die für die Schafschur auf der Farm bestimmt waren. Ma fand mich: mein Haar geschoren, meine Kopfhaut weiß und so kahl wie der Po eines neugeborenen Schafes.

Nellie begann schon zu heulen und um Gnade zu betteln, bevor der Riemen, den meine Mutter herausgeholt hatte, sie überhaupt berührte. Als ich an der Reihe war, schluchzte ich leise bei jedem Peitschenhieb, der mit mörderischer Genauigkeit auf meinen nackten Pobacken landete.

»Katjie Kleurling...«

*

Ich lasse die Blicke über den Garten hinter dem Haus meiner Tante schweifen. Ein grüner Plastikgartenschlauch schlängelt sich durch staubige Blumenbeete. An seinem Ende bewegt sich ein Sprinkler hin und her und sprüht Wasser in Bögen auf die sonnenverbrannte Erde.

Die Szene erinnert mich an die Trockenheit, die wir in dem Jahr erlebten, als ich ungefähr elf Jahre alt war. Es war die schlimmste seit Jahrzehnten. Zu Hunderten starben die Schafe. Das Mitleid erregende Blöken der Lämmer, wenn sie der Trockenheit erlagen, war mehr, als jeder von uns ertragen konnte.

Aufgrund der Trockenheit war die Hälfte der Farmer Bankrott gegangen, und Pa kam nicht mehr häufig nach Hause. Ma musste bereits von Nellie gewusst haben. Später wurde es natürlich allgemein bekannt, dass Pa Nellie geschwängert hatte. Ich hatte bis dahin bereits viele Gründe, meinen Vater zu hassen, nicht nur aufgrund dessen, was er mir, sondern auch Nellie antat.

In der Nacht, als Nellies Vater starb, war Pa mit einem verletzten Arm nach Hause gekommen. Am nächsten Morgen fand eine Gruppe Farmer Piets Leiche in der Nähe eines Zauns. An jenem Nachmittag ging Pa in die Stadt, um den Diebstahl mehrerer Schafe zu melden. Er blieb den ganzen Nachmittag weg und traf sich, für alle offensichtlich, mit dem Pfarrer und dem Polizeimeister. Im Polizeibericht über Piets Tod stand schließlich, dass Diebe Piet getötet hätten.

Nie werde ich den Ausdruck auf Annas Gesicht vergessen, als sie nach Piets Begräbnis nach Hause kam. Sie wusste, dass Piet durch Pas Hände gestorben war. Ma versuchte, ihr mit allen Mitteln kleine Gefälligkeiten zu erweisen, doch Anna hatte die Tür vor uns zugeschlagen.

Piets unerwarteter Tod bedeutete für uns nicht nur den Verlust eines geliebten Menschen, sondern legte eine Extralast auf Annas Schultern, die nun allein fürs Familieneinkommen sorgen musste. Pa sprach kein einziges Wort mehr mit ihr. Kein Wort der Sympathie oder des Bedauerns kam über seine Lippen. Er ging weiter seinen Geschäften nach, als sei nichts gewesen.

Vier Jahre später erzählte uns Anna, dass Nellie wieder schwanger wäre. Pa vertrieb Anna, die schwangere Nellie und ihr Kind von der Farm. Am selben Tag trug mir Pa auf, mit Johannes aufs Veld hinauszureiten, um einen Schakal zu jagen, der zwei Lämmer gerissen hatte. Ich nahm Pas Gewehr mit und hatte bereits das Feld zur Hälfte hinter mir gelassen, als uns ein Arbeiter einholte und mitteilte, dass Nellie sich erhängt hätte. Pa müssen sie es auch gesagt haben, denn wir kamen zur gleichen Zeit am Weidenbaum an.

Keine Gefühlsregung war in Pas stählernem Blick zu erkennen, als er den Leichnam anstarrte; um Nellies Kopf waren weiche grüne Palmwedel wie ein gehäkeltes Leichentuch gewunden.

Ich stieg von meinem Pferd und schnitt Nellie mit Hilfe zweier Arbeiter ab. Pa stieg von seinem Pferd und entfernte sich und ließ seinen Blick über das Veld schweifen. Es war vermutlich genau in diesem Moment, dass etwas in mir zerbrach. Ich hob das Gewehr auf, das ich zuvor in meiner Hast, Nellie abzuschneiden, fallen gelassen hatte, legte es an und zielte, blind vor Hass und Wut, auf meinen Vater. Er hörte das Klicken, als ich das Gewehr entsicherte. Der Schuss traf ihn auf etwa drei viertel des Weges, als er sich umdrehte; die Wucht warf ihn um.

*

Meine Tante kommt auf die Veranda, und in der Hand hat sie ein kleines Tablett aus Emaille. Aus meinen Gedanken aufgeschreckt, richte ich mich auf und nehme ihr das Tablett mit dem gelben Tulpenmuster ab. »Ich habe uns etwas Tee gebracht«, sagt sie. »Bleib sitzen.« Sie winkt mich zurück in den Stuhl. »Wenn deine Mutter stirbt, wird ein bisschen Geld übrig sein. Es steht dir zu, und ich werde dafür sorgen, dass du es bekommst.«

Meine Tante macht eine Pause, als sie den Tee eingießt, und blickt mir direkt in die Augen. »Ich denke, deine Mutter weiß, dass du hier bist. Eigentlich hätte sie schon lange tot sein müssen, aber ich glaube, sie hat gewartet, bis du kommst.«

Aus ihrer Schürzentasche zieht meine Tante einen Umschlag. »Ich musste Wilhelmina versprechen, dir dies nach ihrem Tod zu geben, ich denke aber, du solltest es jetzt bekommen.«

Zögernd nehme ich den Umschlag und drehe ihn in meinen Händen. »Los«, drängt meine Tante, »mach ihn auf.«

Ich schlitze den Umschlag auf. Darin steckt ein verblasstes Foto, das in einen Bogen unbenutzten Schreibpapiers eingeschlagen ist.

Ich erkenne es sofort wieder. Es ist ein Foto von mir, als ich vier Jahre alt war und ein Kleid aus rotem Samt trug, das einen gehäkelten Kragen hatte. Erstaunt blicke ich auf das Bild. Mein Gott! Ich hatte Berge von Fotos durchsucht, um diese eine Szene zu finden.

»Das ist das Bild, Tante! Ich erinnere mich ganz deutlich an den Tag, als wir das Foto machten!«

Obwohl ich mich genau an diese Szene erinnerte, behauptete meine Mutter immer, ich hätte sie mir eingebildet. Fast mein ganzes Leben lang begleitete mich das Bild des roten Samtkleides, ob erfunden oder real, mit seinem weißen Spitzenkragen. Das Kleid ist die deutlichste Erinnerung an meine frühe Kindheit.

Das Foto ist schwarzweiß, und als ich es ganz aufmerksam prüfe, bekommt es Farbe und Struktur. »Schau, Tante, man kann die Farbe nicht erkennen, aber es ist das rote Samtkleid, von dem ich dir erzählt habe. Da ist der gehäkelte Kragen! Ich erinnere mich auch an den Park. All diese goldenen Blätter auf dem Boden, die unter unseren Füßen raschelten . . . «

Der Blick meiner Tante wandert langsam von meinem Gesicht zu der Fotografie.

»Das bin ich«, sage ich noch einmal. Ich sitze nun ganz gerade und deute aufgeregt auf die Details des Bildes. »Du kannst die anderen nicht sehen.« Die Erwachsenen waren von der Taille an abgeschnitten worden. »Aber ich weiß, es sind Ma und Pa, die mich an der Hand halten.«

Ich war zwischen ihnen hin und her gehüpft, und die Kamera hatte meine Freude eingefangen.

Mein Gott. Warum hatte Ma mich so gequält? Ich sinke zurück in meinen Stuhl. Dieses Foto ist eine Erinnerung, die ich in den dunkelsten Tagen meines Lebens liebevoll in Ehren gehalten hatte. An jenem Tag hatte die Sonne durch die Bäume geschienen und den dicken Blätterteppich auf Hochglanz gebracht. Für mich war dieses Foto der Beweis dafür, dass ich einmal eine normale Beziehung mit meinen Eltern erlebt hatte.

Das Telefon klingelt. Meine Tante steht von ihrem Stuhl auf. Mit einem Blick voller Verständnis bleibt sie in der Tür stehen. Ich warte, ich spüre, dass sie mir noch mehr zu sagen hat. Sie ignoriert das Klingeln des Telefons. Da ist ein Ausdruck verzweifelter Dringlichkeit in ihren Augen. Sie hat etwas Wichtiges zu sagen, aber das Klingeln des Telefons hört nicht auf.

»Der Mann, der mit dir und Wilhemina auf dem Foto zu sehen ist, ist nicht dein Vater Andries Marais. Er heißt Hendrik Tobias – ein Farbiger«, sagt sie. »Er war der Geliebte deiner Mutter.«

Schockiert starre ich sie an. Das Telefon klingelt immer noch. Das Geräusch scheint aus weiter Ferne zu kommen, so als ob es durch ein Vakuum gereist ist. Plötzlich hört es auf.

»Als Andries die Sache mit diesem Farbigen herausgefunden hatte, drehte er durch. Er hätte Wilhelmina beinahe umgebracht. Er wollte sie verlassen. Er hatte die ganze Zeit gewusst, dass du nicht sein Kind bist. Ich meine, selbst ein Idiot konnte sehen, dass du anders warst. Deine Mutter fand eine Erklärung dafür, indem sie sagte, dass du wie eine unserer Vorfahren aussehen würdest. Vielleicht hätte er die Geschichte deiner Mutter akzeptiert; immerhin war das auch in anderen Afrikaner-Familien vorgekommen, aber ... dann ... wurde deine Mutter unvorsichtig, und eines Tages fand er sie zusammen mit ihrem farbigen Liebhaber. Du warst damals ungefähr vier Jahre alt.

Dein Großvater, der den Skandal und die Schande für den Familiennamen fürchtete, bezahlte alle Schulden von Andries. Aber erst, als dein Großvater bereit war, die Farm zu verkaufen, willigte Andries ein zu bleiben. Keiner, mit Ausnahme der engsten Familie, wusste von diesem Arrangement. Einige Monate später wurde Hendrik Tobias ermordet. Die Polizei fand nie seinen Mörder.« Sie hielt für einen Moment inne – einen Moment, der sich wie die Ewigkeit auszudehnen schien.

Das Telefon klingelte erneut.

»Jetzt weißt du, dass Andries Marais nicht dein richtiger Vater war. Ach ... ich gehe jetzt besser ans Telefon.«

Sie dreht sich ungeduldig um und geht ins Haus.

Völlig überrascht beobachte ich geistesabwesend zwei Fliegen, die um den Zuckertopf herumsummen.

Meine Tante kommt zurück. »Das war das Krankenhaus.«

Ich stehe auf, mit steifen Beinen, und denke über das
nach, was meine Tante erzählt hat. Zögernd streckt sie eine
Hand aus.

»Setz dich. Wir brauchen uns nicht mehr zu beeilen.«

Ich setze mich wieder hin und nehme das Foto in die
Hand.

»Es gab eine Zeit, als deine Mutter voller Lebensfreude
war. Andries Marais hat sie bitter gemacht.«

Meine Tante rafft ihren Rock zwischen den Knien zusammen und lässt sich mit einem resignierten Seufzer fallen. »*Nou ja*, lass uns den Tee austrinken, und dann gehen
wir ins Krankenhaus. Wilhelmina ist gestorben«, sagt sie,
und in ihren Augen schimmern Tränen.

Sie greift nach dem Küchentuch, das auf dem Boden ne-
ben ihrem Stuhl liegt und schlägt damit geschickt über die
Zuckerdose. Wie betäubt fallen die beiden Fliegen auf den
Boden.

Norma Kitson
Onkel Bunty

Man hätte sagen können, Onkel Bunty war der ideale Ehemann: Er war ein guter Ernährer. Man konnte nicht sagen, er war der perfekte Vater, ich glaube nämlich, als das dritte Kind von ihm und Tante Betty geboren wurde, hatte Onkel Bunty von Kindern schon ziemlich die Nase voll.

Elvis, ihr Erstes, war ein schwarzhaariges Traumkind: gehorsam, stramm, ein kräftiger kleiner Kerl; und Suzy, die zwei Jahre später kam, war ein hübsches kleines Lockenköpfchen. Nichts dagegen einzuwenden. Doch Cole war eine Herausforderung für jeden südafrikanischen Dad, der mit der Macho-Milch alle Arten von Rassismus, Sexismus und jeden anderen Ismus, den man sich vorstellen kann, aufgesogen hatte im Klima des »Ein Mann ist ein Mann« in den 1940er-Jahren im südafrikanischen Durban.

Cole spielte von klein auf gern mit Puppen, trippelte eher als dass er ging und hatte einen entschieden mädchenhaften Touch. Möglicherweise veranlasste das Onkel Bunty, sein Badezimmer, das Klo, die Dusche, die Wände und Fußböden – den gesamten persönlichen sanitären Bereich sowie seine Ankleideräume – mit einer kühnen linoleumartigen Schwarzweißtapete (oder mit einem tapetenartigen Linoleum) zu tapezieren, auf der Tausende von Frauenbrüsten abgebildet waren oder vielleicht nur immer ein- und dieselbe tausendfach reproduziert – ich habe vergessen, wie es genau war. Ich vermute, Titten um sich herum zu haben, half Onkel Bunty, sich irgendwie sicherer zu fühlen.

Nach der Geburt von Cole machte Onkel Bunty eine bemerkenswerte Veränderung durch. Er ließ die Schultern hängen, und man sah ihn oft auf seinem wilden schwarzen Schnurrbart herumkauen. Denn alles Schimpfen, Schlagen und Verbieten, Fußbälle, Autos oder anderes Jungenspielzeug zeigten keinerlei Wirkung bei Cole. Er trug Suzys Kleider bei jeder sich bietenden Gelegenheit, betrachtete sich mit seinen braunen Augen in jedem Spiegel im Haus, strich seine Augenbrauen glatt und toupierte seine väterlich-kontrollierten kurzen Haare, wo immer es möglich war. Onkel Bunty nutzte seine elterliche Autorität, indem er Coles natürliche Veranlagung verächtlich machte, in der vollen Überzeugung, dass er damit aus ihm einen »Mann« machen konnte.

Onkel Bunty war ein gewöhnlicher Soldat (ohne Dienstgrad) in der südafrikanischen Armee, als er Tante Betty kennen lernte, die den Soldaten im Durban Jewish Club während des Zweiten Weltkriegs Suppe servierte. Tante Betty war in einer ziemlich kritischen Lebensphase: Ihre vier älteren Schwestern waren verheiratet und die jüngste, Tookie, stand kurz davor, ihre Verbindung mit Izzy unter Dach und Fach zu bringen. Für sie, obwohl erst zwanzig, würde der Zug wohl abfahren und sie würde als alte Jungfer bezeichnet oder mit einem anderen Namen belegt werden, der eigentlich Hunden, die keinen abgekriegt hatten, vorbehalten war.

Tante Betty hatte sich sorgfältig umgesehen, bevor sie sich für Bunty entschied, aber es war nichts dabei gewesen. Der Traummann war nicht erschienen, und so musste sie mit ihm vorlieb nehmen. Alle warnten sie, er sei ein Schürzenjäger, und auch wenn sie sich an ihre kostbare Jungfräulichkeit klammerte, gab es doch Zweifel, ob sie ihn jemals unter die *Chupah*, unter die Haube, kriegen würde. Nachdem er also schon ein paar Mal ein Auge auf sie geworfen hatte, schritt Grandpa David ein, um sich der Angelegenheit anzunehmen. In altehrwürdiger Manier saß er in seinem großen Ledersessel hinter den enormen Ausmaßen seines großen, glänzenden Edelholzschreibtisches in seinem Arbeitszimmer, während Bunty eine Aura von lässiger Männlichkeit zu bewahren suchte. Dabei drehte er dauernd seinen Hals, löste ab und an den engen Hemdkragen und wirkte furchtbar angespannt. Er war gar nicht locker. Er hatte verdammte Angst vor dem alten Mann und konnte nicht verstehen, warum er ihn zu sich gebeten hatte. Er brauchte nicht lange zu warten.

»Also, wat machste mit meiner Zweitjüngsten? Amüsierst dich mit meiner Tochter, nu?«

Onkel Bunty zitterte ein bisschen und beugte sich nach vorne, weil er erwartete, dass man ihn aufforderte, für diese wichtige Unterredung Platz zu nehmen. Aber er wurde nicht aufgefordert. Er richtete sich wieder auf, ging ein wenig in die Knie, um seine Eier wieder an die richtige Stelle zu bekommen und zog seine Unterlippe ein, sodass er mit seinem schwarzen Schnurrbart sein Kinn wischte.

»Nun, es ist ein bisschen früh für all das, meinen Sie nicht? Ich meine, ich kenne Betty erst so kurz. Wir gehen aus, damit wir uns kennen lernen . . . wissen Sie.« Er blickte nervös auf das hölzern wirkende Gesicht des alten Mannes und fügte hinzu: »Sie ist ein wunderbares Mädchen.«

»Früh! Wat is daran früh? Wie lang willste Techtelmechtel machen mit meiner Tochter, bevor die entscheidende Frage kommt, he? Worauf wartest du? Ein wunderbares Mädchen, oder? Wat willste mehr?«

So ging es noch ein bisschen hin und her, und dann forderte Grandpa David Bunty auf, sich zu setzen, und die Verhandlungen begannen. Sollte Bunty aufs Ganze gehen – also Heirat –, bekäme er die Entlassung aus der Armee, ein Hotel am Strand und einen monatlichen Scheck zum Überleben.

Von der Minute an, in der sie verheiratet waren, nahm Tante Bettys Gesichtsausdruck eine seltsame Mischung aus Erleichterung und Entsetzen an. Dadurch sah sie ständig besorgt aus. In den ersten zehn Jahren oder so hatte sie große Angst vor ihrem Mann. Er tobte, schrie, befahl, gab Anweisungen, hatte über alles laute, grobe Ansichten – vor allem hinsichtlich Bettys Verantwortung für das feminine Wesen ihres Sohnes Cole. Es war ihre Schuld. Es war alles ihre Schuld.

Wie viele Machos war auch Onkel Bunty ein Frauenheld. Als Grandpa noch am Leben war, war dies noch unter Kontrolle oder zumindest unter dem Teppich geblieben. Aber nachdem der alte Mann gestorben war, war es für Onkel Bunty normal, an jedem Arm eine Frau zu haben und ein beständiges Grinsen auf seinem blasierten Gesicht zu tragen. Er protzte nicht unbedingt damit, aber er versuchte auch nicht, seine Aktivitäten zu verbergen; er war sich sicher, dass er selbst als großer Allroundmann angesehen wurde. Seine Stimme wurde noch lauter und seine Ansichten noch gröber.

Das war die Zeit, als Tante Betty total spirituell wurde. Ich glaube, sie hatte das Gefühl, das Leben nach dem Tod habe mehr zu bieten als das gegenwärtige. Sie verbrachte ihre Nachmittage mit Séancen und dem Lesen von Tarotkarten und wunderte sich überhaupt nicht, als eine Wahrsagerin ihr das Geheimnis verriet, dass ein großer dunkler Mann sich nicht gerade als Glücksfall für ihr Leben erwies.

»In Wirklichkeit«, so sagte sie ziemlich ruhig, »hasse ich ihn.«

Es war das erste Mal, dass sie ein solches Geständnis auch vor sich selbst ablegte, und sie ging zu einem Gynäkologen und ließ sich die Eileiter veröden.

Es war allgemein bekannt, dass Onkel Bunty ein »Mädchen« an seinem Arm brauchte in den Kasinos, bei den Pferderennen, wenn er Poker spielte oder einfach am Empfangstresen in seinem Hotel herumhing oder oben in seiner privaten Suite war. Beim Hotelpersonal und seiner Familie waren diese Mädchen bekannt als seine »Sekretärinnen«. In der unglaublichen Hitze Durbans scherte sich niemand darum, wenn Onkel Bunty, nachdem er ein paar Anweisungen gegeben und an seinem Schnauzbart gesaugt hatte, die Geschäfte seinem indischen Hotelmanager überließ und »duschen ging«, wobei er oft irgendeines dieser blonden Geschöpfe, die immer aussahen, als täten ihnen die Füße weh, und immer eine schwarze Ledertasche dabei hatten, vor sich in den Aufzug schob.

Als die beiden Cousinen, Minna und Billie, einmal auf der Sitzgarnitur in der Halle der mediterranen Villa, die Onkel Bunty in der Vause Road gebaut hatte, gerade Dame spielten, hörten sie trotz der unablässigen Berieselung mit esoterischen Klängen in jedem Zimmer des Hauses, wie Tante Betty zu ihrer Schwester beim Tee sagte: »Mir ist das egal. *Wirklich!* Ich habe ein Buch gelesen, da steht drin, dass Männer, die so hinter den Frauen her sein müssen, gar nicht so gut beim Akt selbst sind, und im Fall von Bunty trifft das wirklich zu. Mir hat es nie gefallen, ich vermisse es nicht, und ich bin verdammt froh, dass er andere Frauen hat, mit denen er es machen kann.«

Das war ein Geständnis, das sie später bitter bereut haben muss, denn Monate danach, immer wenn unsere Tanten zusammen waren, zu zweit, zu dritt oder zu mehreren, machten sie eine Bemerkung darüber, dass Tante Betty gar nicht wusste, was sie verpasste und wie phantastisch *ihre* Ehemänner dabei seien, und Minna sagte zu Billie, sie könne es gar nicht abwarten und wolle es endlich selbst herausfinden.

»Aber du wirst doch nicht einfach losgehen und mit irgendjemandem Sex haben, oder?«, fragte Billie.

»Aber nein – niemals«, sagte Minna. »Meine Mutter würde einen Anfall kriegen. Sie sagt, mein Jungfernhäutchen ist mein kostbarstes Gut. Ich hätte auch zu viel Angst, weißt du. Auf dem Laken muss doch Blut sein, wenn man heiratet, sonst weiß er doch, dass du schon Sex hattest, und wird es dir nie verzeihen.«

»Findest du es nicht unfair, dass die Männer dürfen?«, fragte Billie.

»Aber nein«, sagte Minna. »Männer sind anders. Hat dir deine Mutter diese Sachen nicht erklärt? Männer brauchen das. Die sind anders. Wenn sie nicht genug kriegen, dann zetteln sie Kriege an und so was alles, weißt du, dann werden sie aggressiv. Sie müssen sich Erleichterung verschaffen, so wie man aufs Klo muss, nehm ich an.«

»Also«, sagte Billie. »Mein Dad glaubt das alles nicht. Er findet, dass am Sex alles in Ordnung ist und dass Frauen und Männer mehr oder weniger die gleichen Gefühle haben.«

»Ach«, sagte Minna. »*Dein* Dad. Das wissen doch alle, dass er ein bisschen verrückt im Kopf ist mit seinen schrägen Ansichten. Neulich hab ich gehört, wie Tante Pearl Tante Bea erzählt hat, dass sie ihn auf der Veranda gesehen hat, wie er ein Buch gelesen hat. Als sie ihn danach gefragt hat, war er ganz ungehalten und hat gesagt: ›Das ist ein Pamphlet von Dr. Pixley Ka Isaka Seme über den Zustand dieser Nation. Willst du noch mehr wissen, Pearl?‹ Pearl erwiderte«, Minna verzog ihr Gesicht und versuchte sich genau zu erinnern, »›du liest Sachen, die von *Schwarzen* geschrieben sind – von einem *Natiff*?‹ Tante Bea guckte so schockiert, dass Tante Pearl sich freute. ›Ja‹, meinte Pearl. ›Ich sagte zu ihm, ich sagte: Ich wette, es gibt einen Haufen Bücher von anständigen Weißen, die du noch nicht gelesen hast.‹ Dein Dad sprang nur von seinem Sessel auf und stürmte raus und sah die beiden Tanten herausfordernd an. Dein Dad ist wirklich komisch, Billie. Er ist einfach so anders.«

Billie sog etwas Luft durch die Zähne und sah weg. Sie liebte ihren Vater sehr, aber sie wusste nicht, wie sie ihn gegen die Angriffe, die von fast allen Mitgliedern der Familie kamen, verteidigen sollte.

*

Onkel Bunty hatte einen Riecher für Geld. Er besaß schon bald eine Kette von Hotels, und er war noch glücklicher, als seine drei Kinder bereits als junge Erwachsene nach Amerika gingen. Tante Betty wurde immer dünner. Sie vermisste ihre Kinder, und es dauerte ein paar Jahre, bis sie ihm die Erlaubnis abrang, sie zu besuchen. Danach, in ihren Sechzigern, war sie nur noch selten in Durban, und sie schien viel glücklicher zu sein, wenn sie von Los Angeles nach New York und anschließend nach Chicago pendeln konnte, um ihre erwachsenen Kinder zu besuchen.

Sie hatte gerade Isabel, Suzys Tochter, auf dem Arm, als das Telegramm aus Durban kam.

»Komm sofort zurück. Bunty sehr krank. Liebe Grüße von deinem Bruder Joe.«

»O je!«, sagte Tante Betty. »Nun, er ist 76, da kriegt man schon mal die eine oder andere Krankheit, was? Ich meine, er isst Fleisch, treibt sich viel herum, bewegt sich wenig. Was erwartet er?«

Aber sie packte gehorsam ihre Sachen und nahm das nächste Flugzeug nach Durban. Bunty hatte Krebs und man musste ihm seinen Hodensack entfernen. Minna fand das echt lustig und tänzelte um die Möbel im Wohnzimmer ihrer Mutter herum und sang für Billie und Fenella:

> »Onkels Zustand ist viel besser
> seit seine Eier unterm Messer
> beraubt jedweder Lust und Gier
> bleibt er zu Haus, macht Feuer hier.«

Billie und Fenella guckten schockiert. Doch die unerschrockene Minna grinste sie einfach an.

Als Billie es ihrem Vater erzählte, sagte der nur: »Er hat seine wohlverdiente Strafe bekommen. Stimmt doch, oder? Er hat seinen Schwengel wie eine Waffe benutzt, und jetzt fällt er ab. Hat was Religiöses – so was wie die Wiederauferstehung.«

»Wie meinst du das, Dad«, fragte Billie.

»Mach dir darüber keine Gedanken, mein Liebling. Tja, den Vogel, der am Morgen singt, holt am Abend die Katz.«

Onkel Bunty war sehr lange Zeit krank, aber er gewann wieder etwas von seiner alten Kraft zurück. Tante Betty blieb in Durban, pflegte ihn, pflegte aber auch Wut und

Frustration. 1984 ging sie sogar zu Onkel Joe, um sich mit ihm wegen einer Scheidung zu beraten.

»Ich habe ihn nie geliebt. Wir sind jetzt seit über vierzig Jahren verheiratet. Er ist ein schrecklicher Mann. Er hat nie ein Buch gelesen. Er ist ein totaler Draufgänger, ein brutaler Kerl, und jetzt, wo er krank ist, will er mich jede Minute. Ich habe mir nichts aus ihm gemacht, als er gesund war, warum können wir's nicht einfach gut sein lassen.«

Onkel Joe war entsetzt: »Du meinst, du willst deinen Mann verlassen, wenn er dich braucht, jetzt, wo er so krank ist? Was! Hast du deinen sowieso schon geringen Verstand völlig verloren? Du bringst mit diesem Schwachsinn die ganze Familie in Verruf. Du gehst jetzt nach Hause, bist ein braves Mädchen und kümmerst dich um deinen Mann. Ich höre mir deinen verqueren Quatsch nicht noch mal an, du dummes Ding.« Und er gab ihr einen ordentlichen Klaps auf den Hintern und fünfhundert Rand für ein neues Kleid.

Nun, Onkel Joe war das Gesetz in unserer Familie, also ertrug es Tante Betty weiterhin, sich um ihren Mann zu kümmern. Keine Freundinnen mehr. Keine Tage und Nächte in den Hotels. Jetzt blieb Onkel Bunty zu Hause, er hatte Schmerzen, war unruhig, beschwerte sich, war unzufrieden. Jedes seiner Kinder stattete ihm jeweils einen Pflichtbesuch ab, und dann gingen sie wieder zurück nach Amerika.

Tante Betty schleppte sich weiter dahin in schrecklicher Pflichterfüllung, sie wurde noch dünner, noch unglücklicher und hörte ganz damit auf, sich zurechtzumachen. Drei Jahre zog sich diese furchtbare Situation hin. Und eines Tages, Bunty saß gerade im Garten und sonnte sich, während Tante Betty seine Comics aufsammelte und Stapel von diesen Zeitschriften aufhäufte, in denen hübsche Frauen abgebildet waren, die schwarze Spitzenstrapse um ihre Taille und in ihrer Pofalte tragen, und nackte Frauen, die sich nach vorne beugten, sodass man ihre Haare sehen konnte und alles andere da unten, und andere wieder mit dicken Titten, die standen wie eine Eins – man fragte sich, wie sie das hinkriegten –, da klingelte das Telefon neben seinem Bett. Tante Betty nahm den Hörer ab: »Hallo?«

»Kann ich bitte Bunty sprechen?«

»Wer ist denn am Apparat?«

»Hier ist Melly. Und wer sind Sie?«

»Ich bin Betty.«

»Ah ja. Sie sind wohl die Krankenschwester, oder? Kann ich bitte Bunty sprechen?«

»Also, er ist im Moment draußen im Garten. Kann ich ihm etwas ausrichten?«

»Ja, bitte. Tun Sie das. Sagen Sie ihm nur, dass Freddie wirklich krank ist, und ich weiß, dass es sehr schwierig ist für Bunty, aber Freddy will ihn unbedingt sehen, wegen irgendwelcher Aktien oder so. Er sagt, es ist dringend. Unser Enkel hat darauf bestanden, dass ich anrufe, sagen Sie das Bunty, weil ich diese Nummer eigentlich nicht benutzen darf. Bitte rufen Sie ihn für mich. Seine Frau ist am Apparat.«

Auf diese Weise erfuhr Tante Betty, dass Onkel Bunty eine komplette weitere Familie in Durban hatte (eine Frau und drei Söhne, alles echte Männer), und so bekam sie im Alter von 81 Jahren ihre Scheidung von Onkel Bunty und lebt jetzt glücklich in ihrer Wohnung mit Blick auf den Strand von Durban und fährt nach Amerika, wann immer ihr danach zu Mute ist.

Véronique Tadjo
Der Verrat

Eines Tages entschieden eine Frau und ein Mann, die sich sehr liebten, dass sie ein Kind haben wollten.

»Wir können nicht leben, ohne etwas von unserem Blut weitergegeben zu haben«, sagte die Frau. »Ich möchte, dass unsere Liebe Früchte trägt.«

»Das Kind wird Träger unserer Hoffnung sein, dessen bin ich sicher«, stimmte der Mann mit einer Kopfbewegung zu. »Wir werden ihm alles beibringen, was wir wissen.«

Am nächsten Tag war die Frau schwanger. Bevor der Tag zu Ende ging, hatte sie einen Sohn geboren.

Da rief der Mann aus: »Die Liebe hat gesiegt! Wir haben neues Leben geschaffen! Unser Sohn wird unser Bote sein.«

Der Vater und die Mutter blieben an der Seite ihres Kindes und lehrten es, zu lieben und zu glauben. Sie sprachen ständig mit ihm. Das Kind hörte zu.

»Du wirst die Kontinente durchqueren und viele Menschen treffen. Erzähle ihnen, was wir dir beigebracht haben. Baue die durch Gewalt und Unterdrückung zerstörten Städte wieder auf. Lasse die wilden Blumen ungehindert wachsen und mache die Wolken nicht kaputt. Erzähle den Menschen vom Wasser, das nie versiegt. Stecke deine Hand in die Erde und atme ihren Geruch und vor allem: Glaube an dich selbst.«

Als das Kind sich bereit fühlte, verabschiedete es sich von seinen Eltern und ging fort, ohne sich noch einmal umzudrehen. Mit jedem Schritt, mit dem es sich von ihnen entfernte, wuchs es sichtlich ein Stück. So sehr, dass es bereits ein Mann war, als es in der Ferne die Stadt sehen konnte.

Es war nicht einfach für ihn. Wo er auch hinkam, sah er nichts als Verzweiflung. Obwohl die Stadt hell und verführerisch glänzte, brauchte man nur einen Schritt zu tun, und man fand Schmutz und Dreck. Die Menschen trugen Gold, man brauchte aber nur den Kopf zu drehen und sah die Straßenkinder und die Gebrechlichen in ihren Lumpen. Die Straßen verliefen gerade und wurden durch große Laternen gut beleuchtet, wollte man aber weitergehen, musste man den Staub verlassener Pisten schlucken.

Doch all das spielte keine Rolle. Das Schlimmste war, dass die Bewohner ihren Glauben verloren hatten. Sie sprachen von Freiheit und Veränderung, aber das waren nur leere Worte. Niemand glaubte daran. Der *Harmattan* mochte wochenlang wehen und die Haut der Menschen trocknen, dann aber kam die Hitze wieder und brannte umso stärker und stechender. Die Menschen schleppten sich vollkommen atemlos dahin.

Und er, was machte er?

*

Er wuchs heran und sah das Leben vorüberziehen. Seine Augen registrierten alles. In Wirklichkeit fühlte er sich jedoch schrecklich fremd. Die Verständigung war so schwierig, dass es schmerzte. Das, was er suchte, schien immer woanders zu sein. Manchmal wollte er fortgehen, die Stadt verlassen, um etwas anderes zu entdecken.

Vor allem fühlte er, dass er sich verändert hatte. Oh, nicht sehr viel, aber es genügte, den Unterschied in sich selbst wahrzunehmen. Er musste sich anstrengen, um seinen Glauben nicht zu verlieren, und auch wenn er in seinen Träumen seine Eltern sah und ihre sanften Worte hörte, so hatte er doch gleichzeitig heftige Alpträume, die ihm mitten in der Nacht den Atem raubten. Er glaubte ins Bodenlose zu stürzen. Sein Kopf dröhnte, und er spürte Angst. Er wusste sehr wohl, dass das Qualen waren. Er hätte sie in die Hand nehmen können, so dick und schwer waren sie.

Die Qualen zerstörten sein Leben. Sie zerrissen seine Seele und raubten ihm die Kraft.

»Das muss aufhören«, dachte er. »Es muss ein Ende haben.«

*

Ungefähr zu dieser Zeit verliebte er sich.

Sie hatte Augen, die wie Kaurimuscheln geformt waren, und ihre Haut hatte die Farbe des Sandes. In ihrem Blick lag die Stadt.

Für sie bedeutete Zeit kein Hindernis, weil sie sich selbst für geschlechtslos hielt. Sie war ein undefiniertes Wesen, das halbherzig durchs Leben ging und sich nichts daraus machte, ob es einen Rock trug und spitze Brüste hatte.

Ihr Leben floss in regelmäßigen Strömen dahin, und es gelang ihr, daraus ihren Vorteil zu ziehen. Sie lebte einfach. Die Liebe war zweitrangig, nicht mehr als ein merkwürdiges Gefühl. Sie fand, sie habe zu viel zu tun. Ihre Unschuld verlieh ihr eine unvergleichliche Eleganz.

*

War sie deshalb so schön? Wollte er sie deshalb besitzen? Er wusste es nicht. Er spürte nur ein großes Verlangen. Am Morgen und am Abend führte ihn ihr Geruch in Versuchung. In ihm tobte ein ständiger Kampf zwischen gleichzeitiger Ablehnung und Annahme dieser Leidenschaft, die ihm unaufhörlich zusetzte.

Sie willigte ein, mit ihm zu sprechen. Sie spürte in ihm eine seltsame Macht, die ihr völlig fremd war. Sie hörte ihm zu, während sie um ihre Finger das weiße Taschentuch wickelte und wieder löste, das ihre Eltern ihr gegeben hatten. Sie wusste, dass das, was er sagte, zum Leben gehörte, doch war sie noch nicht bereit. Sie brauchte noch Zeit. Viel Zeit. Vielleicht Jahre.

*

Eines Abends trank sie das Glas aus, das er ihr reichte. Plötzlich schien sie die Helligkeit des Lichts zu erdrücken. Sie fühlte sich schwer. Ihre Augen schlossen sich.

Und so nahm er Besitz von ihr.

In der Stadt verwandelten sich die Menschen zu Stein. Eine große Stille legte sich über die Nacht. Die Dunkelheit verstärkte sich.

Als sie das Bewusstsein wieder erlangte, trug sie ein Kind unter dem Herzen.

»Ich sterbe«, murmelte sie. »Dieses Kind ist nicht von mir. Es wird Unglück bringen.«

Er erkannte nun die Schwere seines Verrats und wurde von Panik ergriffen. Er wollte seine Tat ungeschehen machen. Er wollte sie abstreiten. Aber ihr Bauch wurde riesig und so rund wie die Welt. Er legte seine Hand auf ihren vorstehenden Nabel, um herauszufinden, ob das Kind noch lebte.

*

Plötzlich gab es ein gigantisches Wetterleuchten, das die Wolken auseinander schob. Der Himmel machte sich daran zu fliehen, und die Bäume stießen Schreie aus. Zur gleichen Zeit senkte sich eine infernalische Hitze herab. Ein schwerer, staubiger Rauch umgab die Natur, die in Flammen aufging. Ein gewaltiger Luftzug verbrannte die Menschen und ließ die Gebäude einstürzen. Die Haut löste sich in Fetzen. Die Augen wurden trocken. Die Haare fielen in Büscheln aus. Alle gingen gewaltsam zugrunde. Das Eisen schmolz und strömte am Boden entlang. Der Himmel formte sich zu einem riesigen Pilz.

Leila Aboulela
Das Museum

Anfangs hatte Shadia nicht den Mut, ihn um seine Aufzeichnungen zu bitten. Der Ohrring machte ihr Angst; das
glatte, lange Haar, das er mit einem Gummiband zusam-
menhielt. Einen Mann mit Ohrring und so langem Haar
hatte sie noch nie gesehen. Doch diese Kälte und so viel Regen waren ihr ja auch völlig neu. Sein silberner Ohrring,
Sinnbild des sonderbaren Westens, ein weiterer Kultur-
schock. Während der Vorlesung starrte sie ihn an, ihr Blick
wanderte weg von den weißen Kreidekrakeleien an der Tafel. Meist verstand sie ohnehin kaum, worum es ging. Lediglich die Art der Darstellung war ihr vertraut. Doch wie
hing alles miteinander zusammen? Wie führte *diese* Formel *dazu*? Ihr Unwissen und die bevorstehenden Prüfungen, Schrecken, denen sie entkommen wollte. Sein langes
Haar, von unbestimmter Farbe, irgendwo zwischen gelb
und braun, erinnerte Shadia an eine Puppe aus ihrer Kindheit. Stundenlang hatte sie diese Puppe gekämmt, ihr Haar
gestreichelt. Sehnlich hatte sie sich solch glattes Haar gewünscht. Eines Tages, im Paradies, würde sie solches Haar
haben. Beim Laufen würde es hinter ihr her wehen, wenn
sie den Kopf neigte, würde es fallen wie Seide, die Blumen
im Gras berühren. Shadia beobachtete, wie sich der Pferdeschwanz bewegte, während Bryan schrieb und dann wieder an die Tafel schaute. Plötzlich hatte sie ihre Puppe vor
Augen, ganz deutlich, nach Jahren, und fühlte sich elend,
weil sie im Unterricht träumte, kein bisschen lernte.

In den ersten Semestertagen, zu Beginn des Hauptstudiums für den *Master of Science* in Statistik, fühlte sie sich wie von Riesenwellen hin- und hergeschleudert – niedergeschlagen, wenn sie zwischen den Hörsälen umherirrte, mit dem Fotokopierer nicht zurechtkam, in der Bibliothek nie fand, wonach sie suchte. Nur mit Mühe konnte sie hören, essen oder sehen. Ihre Augen, vor Angst aus den Höhlen getreten, tränten von der Kälte. Für das Seminar waren Grundkenntnisse nötig, ein Fundament, das ihr fehlte. Und so trieb sie dahin, gemeinsam mit den beiden anderen Studenten aus Afrika, den beiden jungen Türkinnen und den Männern aus Brunei. Während jenes Häuflein Elender aus der Dritten Welt auf den finsteren Korridoren Schottlands im Flüsterton von seinen Ängsten sprach, die Mädchen mit nervösem Kichern, erklärte Asafa, der kleine Äthiopier mit dem runden Gesicht und der tiefen Stimme: »Letztes Jahr, letztes Jahr hat sich ein Nigerianer genau in diesem Seminar umgebracht. *Hat sich die Pulsadern aufgeschnitten.*«

Wir und sie, dachte Shadia. Die, die es schaffen, und die, die kriechen und schwitzen und mit knapper Not bestehen würden. Eine Schicksalsgemeinschaft. Asafa, großzügig und klug (er war der Älteste), beugte sich zu Shadia und flüsterte: »Die Spanierin ist gut, sehr gut.« Seine Augen quollen noch stärker hervor als Shadias. Er ertränkte seine Ängste regelmäßig in der Unikneipe; sie hingegen weinte nur. Ihre beiden Heimatländer Nachbarn, Tür an Tür, doch er war nie im Sudan gewesen, Shadia nie in Äthiopien. »Aber wir begegnen uns in Aberdeen!«, hatte sie beim Austausch dieser Information gequiekst und schrill gekichert. Kollektive Angst hatte durchaus euphorische Momente.

»Dieser Bryan«, sagte Asafa, »einfach brillant.«

»Der mit dem Ohrring?«

Asafa lachte und griff sich ans eigene schmucklose Ohr.
»Der Ohrring sagt gar nichts. Bryan wird mit Auszeichnung
bestehen. Er hat hier schon sein Grundstudium absolviert,
war Jahrgangsbester. Er ist im Vorteil. Er kennt alle Dozenten, das ganze System.«

Und so kam Shadia auf die Idee, Bryan um die Aufzeichnungen für sein Vordiplom zu bitten. Wenn sie sich besser
über stochastische Prozesse und Zeitreihen informierte,
könnte sie den neuen Stoff sicher leichter bewältigen, mit
dem man sie alle täglich bombardierte. Shadia beobachtete
Bryan, um abzuschätzen, ob er ansprechbar war. Gemessen
an den höflichen Studenten aus Malaysia besaß er überhaupt kein Benehmen. Er nuschelte, hatte eine schlechte
Haltung und keinen Respekt vor den Dozenten. Er sprach
mit ihnen wie mit seinesgleichen. Und dann seine alberne
Art. Wenn er ein Stück Papier wegwerfen wollte, zerknüllte
er es und zielte auf den Abfallkorb. Ging der Wurf daneben,
grummelte er vor sich hin. Shadia fand ihn kindisch. Doch
Bryan war der Einzige, dem sein Studium mühelos gelang.

Die Hochglanzbroschüre für ausländische Studierende
hatte das »viel gerühmte britische Schutzgebiet« beschrieben und zwischen den Zeilen angedeutet, dass sie dankbar
sein sollten, da die Zustände weiter südlich schlimmer wären, weniger »gastfreundlich«. Doch in der Cafeteria, beim
Kaffee mit Asafa und den anderen, bot das »gastfreundliche
Schottland« bereits ein ganz anderes Bild. Badr, aus Malaysia, flüsterte blinzelnd: »Gestern haben sie uns die Fenster-
scheiben eingeschlagen, heute hat meine Frau Angst, vor
die Tür zu gehen.«

»Diebe?«, wollte Shadia wissen, ihre Augen größer als die der anderen.

»Rassisten«, sagte die Türkin, ihr Lippenstift chic, das Wort quoll aus ihr hervor wie Silber, wie Eis.

Weisheit aus Asafas Mund, mit gedämpfter Stimme, angesichts des kollektiven Schweigens: »Diese Leute denken, ihnen gehört die Welt . . . « An den toten Kommilitonen aus Nigeria erinnert, schämten sie sich des Bruders, den sie nie gesehen hatten. Er war schwach geworden, hatte sich unterkriegen lassen. Bryan setzte sich in der Cafeteria nie zu ihnen. Und sie setzten sich nie zu ihm. Er saß allein, las manchmal die Lokalzeitung, lächelte nie, wenn Shadia an ihm vorbeiging. »Komisch, diese Leute . . . Heute grüßen sie dich, und am nächsten Tag sagen sie kein Wort . . . «

Am Freitagnachmittag, nach »Lineare Modelle«, als die meisten anderen schon auf dem Weg nach draußen waren, nahm Shadia all ihren Mut zusammen und sprach Bryan an. Er hatte Pickel auf Kinn und Stirn, war größer als sie, rastlos, schien auf dem Sprung. Er steckte seinen Taschenrechner zurück ins Etui, seinen Stift in die Jackentasche. Als Shadia ihn um seine Notizen bat, erntete sie aus den blauen Augen hinter seiner Brille den ausdruckslosesten Blick, den sie je gesehen hatte. Warum tat er so verblüfft? Hielt er sie für ein Insekt? Überraschte ihn etwa die Entdeckung, dass sie sprechen konnte?

Er stammelte eine Antwort, ein Wortgewirr. Also war er tatsächlich erstaunt. Er schob seinen Stuhl mit einem Fuß zurück unter den Tisch.

»Bitte was?«

Und langsam, abgehackt jedes Wort: »Ich bringse dir Montag.«

»Vielen Dank.« Sie sprach besser Englisch als er! Wie armselig. Alles an ihm war armselig. Er trug jeden lieben langen Tag dasselbe Hemd. Grauweiß gestreift.

*

An den Wochenenden verließ Shadia das Studentenheim nie und sprach auch mit niemandem. Einzige Ausnahme die Ferngespräche von zu Hause. So blieb ihr Zeit, sich an die Abende in Khartoum zu erinnern, donnerstags: Mit Fareed zu einer Hochzeit fahren, in seinem roten Mercedes, oder in den Klub mit ihren Schwestern. Am Pool sitzen, eisgekühlte Limonade trinken, die Kellner ganz in Weiß. Manche Leute gingen abends schwimmen, tauchten durchs Wasser – dunkel wie der Himmel über ihnen. Hier, in diesem Land, war samstags und sonntags Wochenende, und Shadia wusch Wäsche und ihr Haar. Ihr Haar war ihr lästig. Durch das feuchte Wetter kräuselte es sich, auch nach der Prozedur mit der heißen Lockenschere. Inzwischen hatte sie sich geschlagen gegeben und trug es nur noch zu einem Knoten gebunden, streng aus dem Gesicht gekämmt, hielt die Locken mit Haarnadeln und Vaseline im Zaum. Shadia mochte weder diese Frisur noch ihr gewelltes Haar, und im Spiegel erschienen ihr ihre Augen zu groß. Auf dem Spiegel in der Gemeinschaftsdusche am Ende der Etage, auf der sie ihr Zimmer hatte, war zu lesen: »Hier sehen Sie das Gesicht eines HIV-Infizierten.« Sie hatte ihrer Schwester von diesem Spiegel geschrieben, so fremd und sensationell wie Hagel und Autos, die links fuhren. Doch dass der Spiegel ihr das Gefühl gab, sie hätte ihr gutes Aussehen in Khartoum zurückgelassen, hatte sie verschwiegen.

An Wochenenden führte Shadia auch Buch über ihre Ausgaben: genug Pfund Sterling, um zu Hause eine ganze Familie am Leben zu erhalten. Und dennoch könnte es sein, dass sie, trotz dieser Unsummen, ihre Prüfungen nicht bestehen, mit leeren Händen und ohne Uni-Abschluss heimkehren würde. Schuldgefühle, so kalt wie der Nebel dieser Stadt, überkamen sie von überall her. Einmal hatte sie vergessen zu beten. An der Bushaltestelle war ihr eingefallen, dass sie nicht gebetet hatte, und jener Morgen war verlaufen wie der Alptraum, der sie manchmal heimsuchte und in dem sie entdeckte, dass sie ohne Kleider auf der Straße stand.

Am Abend, Shadia brütete über mehrdimensionalem Skalieren, klingelte das Telefon auf dem Flur. Sie lief zum Apparat. Fareeds fröhliche Begrüßung: »Hier, Shadia, Mama und die Mädchen wollen dich sprechen.« Warme Worte seiner Mutter: »Die Leute sagen, es ist so kalt dort bei dir...«

Shadia war mit Fareed verlobt. Sie würde ihn im Familienpack bekommen, Lizenzbetrieb für 7Up, Papierfabrik, ein großes, fast fertiges Haus, zwei Schwestern und eine verwitwete Mutter inklusive. Shadia würde sie alle heiraten. Sie würde glücklich werden und auch ihre Mutter glücklich machen. Ihre Mutter hatte Glück verdient nach all dem Unheil in ihrem Leben. Ein Mann, der sie einer anderen Frau wegen verlassen hatte. Sechs Töchter musste sie damals großziehen. Die Leute hatten Mitleid mit ihrer Mutter. Sechs Mädchen auf die Schule schicken und schließlich gut verheiraten. Doch Gott bewies Großmut: eine Tochter schöner als die andere, so hieß es oft. Und gescheit obendrein: Zahnärztin, Apothekerin, Architektin, und alle wohlerzogen.

»Wir kommen gerade von der Baustelle«, nun war Fareed wieder am Apparat. »Es geht gut voran, sie verlegen schon die Fliesen . . . «

»Gut, sehr schön«, Shadias Stimme ungewohnt, weil sie tagsüber mit niemandem gesprochen hatte.

»Die Badezimmerausstattung. Wenn ich sie für alle in einer Farbe nehme, für uns und für die Mädchen und Mama, dann krieg ich sie billiger. Blau, die Mädchen sind für blau«, hallte seine Stimme von Kontinent zu Kontinent. Meilenweit weg.

»Blau ist schön. Ja, nimm sie am besten alle in einer Farbe.«

Er baute zwei Apartments, kein Einfamilienhaus. Die Wohnung im Erdgeschoss für seine Mutter und die Mädchen, bis zu deren Hochzeit, den ersten Stock für sich und Shadia. Bei der Verlobung war Fareed noch der Sohn eines reichen Herren, der nicht nur die Lizenz für 7Up besaß, sondern auch die Papierfabrik, mit dem Monopol für Damenbinden. Fareeds Schwestern mussten nie Binden kaufen, sie hatten *Pinky* im Überfluss, frisch vom Fließband. Doch Fareeds Vater starb unerwartet an einem Herzinfarkt, kurz nach der Verlobungsfeier (fünfhundert Gäste im Hilton). Und nun bekam Shadia den reichen Herren persönlich. »Du hast großes, großes Glück«, so die Worte ihrer Mutter, und Shadia hatte sich Seife in die Augen gerieben, damit Fareed glaubte, sie vergoss Tränen über den Tod seines Vaters.

Am Telefon war keine Zeit, über ihr Seminar zu sprechen, kein Raum für ihre Ängste. Fareed interessierte sich nicht für ihr Studium: »Ich bin sehr tolerant und weltoffen«, hatte er gesagt, »ich erlaube dir, im Ausland zu studieren. Andere Männer würden das nicht mit sich machen lassen ...«

Ihre Mutter wollte, dass sie studierte, ihr Studium in Großbritannien fortsetzte, um nach der Hochzeit an ihre Karriere zu denken.»Dadurch«, hatte ihre Mutter ihr eingeschärft, »verschaffst du dir den Respekt deiner Schwiegereltern. Sie haben zwar Geld, doch du hast den Titel. Du darfst nicht so enden wie ich. Ich bin damals von der Schule abgegangen, um deinen Vater zu heiraten und jetzt ...« Am Ende vieler Gespräche stand die Verbitterung ihrer Mutter, stand ihr Satz:»Niemand leidet so sehr wie ich«, und jedes Mal war Shadia deprimiert. Nachts hörte sie ihre Mutter schluchzen, Laute, die sie und ihre Schwestern um den Schlaf brachten.

Nein, das Ferngespräch ließ keinen Raum für ihre Nöte. Über das schottische Wetter reden, sich ausmalen, wie stark Fareed schwitzte, wie sehr sein Hemd über seinem Bauch spannte. Oft hatte sie ihn gedrängt abzunehmen, ohne Erfolg. Seine Mutter kochte zu gut; seine Schwestern waren beide zu dick. Klatsch aus Khartoum per Ferngespräch, wie ein Hörspiel im Radio.

*

Am Montag schob Bryan ihr über den Tisch zwei Ordner zu, wortlos, als wolle er ihr nicht zu nahe kommen, nicht mit ihr sprechen. Es lag ihr auf der Zunge zu sagen: »Ich nehme sie erst an, wenn du sie mir gibst, wie es sich gehört.« Stattdessen bemerkte sie spitz: »Vielen Dank.« *Sie* hatte Manieren. *Sie* wusste, was sich gehörte.

In ihr Zimmer, an ihren Schreibtisch zurückgekehrt, entdeckte Shadia die schönste Handschrift ihres Lebens. Die

Seiten nicht zu eng beschrieben, fein säuberlich. Klare, gleichmäßige Schwünge, wie Kinderschrift. Die ordentlichsten Notizen, die sie je gesehen hatte. Shadia kamen die Tränen, sie weinte, ohne Grund. Weinte so lange, bis eine der Seiten nass wurde, die Tinte verlief, eine Formel verschwamm. Sie tupfte das Papier mit einem Taschentuch trocken, doch es wellte sich und wurde durchsichtig. Sollte sie sich für den Fleck entschuldigen, sagen, dass sie Wasser getrunken hatte, sagen, er sei vom Regen? Oder sollte sie ihn einfach verschweigen, hoffen, Bryan würde nichts sagen? Sie war wütend auf sich selbst. Warum machte sie so viel Aufhebens darum? Ihn kümmerte es ja auch nicht, dass er jeden Tag dasselbe Hemd anhatte. Sie sollte ihn nicht so wichtig nehmen. Diesen unreifen Eigenbrötler. Wahrscheinlich stammte er aus einer Kleinstadt, aus armen Verhältnissen, Unterschicht. In Khartoum pflegte sie mit solchen Leuten keinen Umgang. Ihre Mutter sah es gerne, wenn sie sich mit Freunden aus den besseren Kreisen umgab. Wie sonst sollten sie und ihre Schwestern zu guten Partien kommen? Sie musste sich zusammenreißen und die Notizen durcharbeiten, statt über dieser Bubenhandschrift Tränen zu vergießen. Seine Schrift hatte nichts mit ihr zu tun, nicht das Geringste mit ihr zu tun.

Wer plötzlich versteht, was ihm lange schleierhaft war, der sieht Nebel sich lichten, sieht, wie Bilder scharfe Konturen bekommen, fehlende Bauteile einrasten, sieht, wie Bruchstücke Form annehmen und sich zu einem vollständig stimmigen Ganzen fügen, ein solides Fundament ergeben, eine Ausgangsbasis. Aus Bryans Unterlagen schöpfte Shadia, was ihr fehlte, füllte ihre Wissenslücken. Sie kämpfte sich durch seine Aufzeichnungen, überflog sie nicht einfach, aus Unverständnis, sondern sog sie auf, machte sie sich zu Eigen, bis sie in der Konzentration langer, tiefer Nächte jedes Bewusstsein für Raum und Zeit verlor und schließlich im Schlaf zu Epsilon und Gamma wurde, zu einer Zufallsvariablen, die im diskreten Raum ihren Weg fand von »i« nach »j«.

*

Mit ihm zu sprechen schien völlig normal. Als sei er ihr, nachdem sie nun Stunden und Tage mit seiner Handschrift verbracht hatte, vertrauter geworden. Sie vergaß, wie gekränkt sie war, als er ihr seine Ordner über den Tisch hinweg zugeschoben hatte, wie oft er sie nicht gegrüßt hatte.

Im Computerraum, nach dem Seminar über Statistikpakete, ging sie zu ihm und sagte: »Danke für die Notizen. Sie sind wirklich gut. Ich glaube, mir ist vieles klar geworden. Es könnte sogar sein, dass ich jetzt die Prüfungen bestehe.« Shadia war müde und dankbar, ihre Augen trocken nach den vielen durchwachten Nächten.

Er nickte und sie sprachen kurz über die Poisson-Verteilung, Warteschlangentheorie. Er hatte völlig klare Vorstellungen, sein Gehirn glich einer Glasscheibe, auf der alle Theorien und Begriffe groß und deutlich dargestellt waren. Heute schien er weniger verlegen im Gespräch mit ihr, auch wenn er noch immer nervös von einem Fuß auf den anderen trat und ihrem Blick auswich.

Er fragte: »Magst 'n Kaffee trinken gehen?«

Sie hob den Blick und sah ihn an. Bryan war groß, ihr fehlte es an Erfahrung im Gespräch mit Menschen, die blaue Augen hatten. Und so beging sie einen Fehler. Viel-

100

leicht unterlief er ihr, weil sie letzte Nacht zu lange wach geblieben war, vielleicht auch aus anderen Gründen. Shadia machte den Fehler, die Ebenen zu wechseln.

»Dein Ohrring gefällt mir nicht.«

Dieser Ausdruck in seinen Augen, sein Blick starr, nicht länger unstet. Bryan griff nach seinem Ohrring und nahm ihn ab. Ohne das Silber sah das Ohrläppchen rot aus und wund.

Shadia kicherte, aus Angst, weil er nicht lächelte, kein Wort sagte. Sie presste eine Hand vor den Mund und wischte sich mit der anderen über Stirn und Augen. Sie hatte einen Fehler gemacht, es gab kein Zurück mehr. Und so preschte sie weiter vor, ohne Rücksicht auf Verluste: »Deine langen Haare gefallen mir nicht.«

Er drehte sich um und ging.

*

Am nächsten Morgen »Multivariate Analyse«, und sie kam zu spät, mit zerzaustem Haar, weil sie durch den Regen gehetzt war. Der Professor, sie wusste nicht genau, wie er hieß (es gab drei MacSoundsos), lächelte, unbeeindruckt. Hier waren alle Dozenten lässig elegant, trugen Tweedjacketts und blank geputzte Schuhe. Manchmal fragte Shadia sich, ob Bryan, in seiner unaufgeräumten Art, sich je zum Professor wandeln könnte, falls er überhaupt eine akademische Karriere einschlagen wollte. Doch was ging sie das an?

So wie die meisten Kommilitonen saß sie in jeder Vorlesung auf demselben Platz. Da Bryan in der Reihe vor ihr saß, hatte sie stets sein Haar vor Augen. Doch das war abgeschnitten, da war kein Pferdeschwanz mehr, nur sein Nacken und der grauweiß gestreifte Hemdkragen.

Notizen machen. *In der Diskriminanzanalyse dient eine lineare Kombination von Merkmalen als Grundlage für die Klassifizierung von Objekten in Gruppen...*

Shadia bestand aus Schichten. Irgendwo im Inneren, tief drinnen, unter der harten Schale ihrer Eitelkeit, in ihrer unberührten Seele, glühte sie vor Ehrfurcht, war demütig und dankbar und dachte, für mich allein, nur meinetwegen hat er sich die Haare abgeschnitten. Doch es gab auch andere Schichten, dickere, dichter an der Oberfläche. Shadia kicherte, hätte zu gern einer Freundin berichtet. Stell dir vor, was passiert ist. Du rätst bestimmt nie, was dieser Idiot gemacht hat!

Einen gewichteten Mittelwert der Merkmale finden... Die Gewichte werden so geschätzt, dass sie die beste Trennung zwischen den Gruppen ergeben.

Nach dem Seminar kam er zu ihr und sagte, sehr ernst, ohne zu lächeln: »Hab mir die Haare geschnitten.«

Ein Teil von ihr schüttete sich aus vor Lachen, trällerte: »Du dummer Junge, du Dummerchen, das seh ich doch, ich bin ja nicht blind, oder?«

Sie sagte: »Es sieht gut aus.« Die falschen Worte. Sie wurde rot und zwang sich, wegzuschauen, um seine Reaktion nicht zu sehen. Doch sie musste zugeben, die Frisur stand ihm tatsächlich; endlich sah er passabel aus.

*

Gleich am Eingang, als sie noch ihre Becher Kaffee in Händen hatten und nach einem freien Tisch Ausschau hielten, hätte sie Bryan sagen sollen: »Komm, wir setzen uns zu Asafa und den anderen.« Fehler über Fehler. Am anderen Ende der Cafeteria sah die türkische Kommilitonin sie zusammen und hob ihre perfekt geschwungenen Augenbrauen. Badrs Blick kreuzte Shadias, und er schaute sofort weg. Shadia musterte Bryan, er hatte sich verändert, sah anders aus ohne seinen Ohrring und seinen Pferdeschwanz, wie verwandelt. Wenn er jetzt seine Pickel noch mit Zitronensaft . . . Doch was ging sie das an? Vielleicht sahen sogar die Jungs, die bei Badr die Scheibe eingeschlagen hatten, so aus wie Bryan, mit stechenderem Blick, ohne Brille. Shadia musste ihn wegstoßen. Er sollte sie unsympathisch finden.

Er wollte wissen, wo sie herkam, und als sie antwortete, fragte er: »Wo ist das denn?«

»Afrika«, sarkastisch. »Weißt du wenigstens, wo das ist?«

Hinter den Rändern seiner Brille liefen seine Nase und seine Wangen rot an. Gut so, dachte sie, gut. Jetzt wird er mich in Frieden lassen.

Er antwortete: »Dass der Sudan in Afrika ist, weiß ich schon, ich meinte, wo genau in Afrika?«

»Im Nordosten, südlich von Ägypten. Woher kommst *du*?«

»Peterhead. Nördlich von hier. Am Meer.«

Es schien schwer vorstellbar, dass nördlich von Aberdeen überhaupt noch etwas sein könnte. Shadia fühlte sich hier wie am nördlichsten Ende der Welt. Und inzwischen wusste sie auch, dass sie sich unter »am Meer« weder Sonnenbad noch Sandstrand vorzustellen hatte. Eher düsteren Himmel, blasse, schlecht gelaunte Leute an steinigen Stränden, bibbernd vor Kälte.

»Arbeitet dein Vater in Peterhead?«

»Aye, ja.«

Shadia war mit dem korrekten Englisch des BBC World Service groß geworden und musste bei ihrer Ankunft in Großbritannien feststellen, dass die Leute hier »ja« so aussprachen wie zu Hause im Arabischen »aye«.

»Was macht denn dein Vater?«

Bryan schien verblüfft, seine blauen Augen verrieten seine Überraschung: »Mein Vater ist Tischler.«

Solche Leute stellte Fareed auf der Baustelle an, kommandierte sie herum.

»Und deine Mutter?«

Er hielt kurz inne, rührte mit einem Plastiklöffel Zucker in seinen Kaffee. »Die verkauft Lollipops.«

Shadia grinste in ihren Kaffee, trank einen Schluck. »Mein Vater«, verkündete sie stolz, »mein Vater ist Arzt, Facharzt.« Ihr Vater war Gynäkologe; seine jetzige Frau eine ehemalige Patientin. Vor dieser Heirat hatten Shadias Freundinnen sich über die Arbeit ihres Vaters lustig gemacht, derbe Witze, über die Shadia damals lachte. Doch heute schienen sie ihr schäbig.

»Und meine Mutter«, Shadia trug dick auf, »stammt aus einer sehr großen Familie. Von königlichem Geblüt. Wenn ihr Briten uns nicht kolonisiert hättet, wäre meine Mutter heute eine Prinzessin.«

»Du gehst wie eine Prinzessin«, sagte Bryan.

Wie dumm, wie leichtgläubig, dieser Junge! Shadia fuhr sich mit der Hand über die Stirn: »Ich bin stolz und eingebildet, meinst du?«

»Nein, das hab ich nicht gemeint, nein . . . « Das Päckchen Zucker rutschte ihm beim Aufreißen aus der Hand, der In-

halt ergoss sich über den Tisch. »Ah shit . . . 'tschuldige . . . «
Beim Versuch, die Zuckerkrümel wegzuwischen, stieß er
gegen seinen Becher und der Kaffee schwappte über.

Shadia zog ein Taschentuch aus ihrer Tasche, beugte sich
vor und wischte den Fleck weg. Mit dem feuchten Tuch ließ
sich auch der verstreute Zucker leicht aufnehmen.

»Danke«, murmelte Bryan, dann schwiegen beide. In der
Cafeteria herrschte Hochbetrieb; die vielen Menschen im
Gespräch miteinander füllten den Saal mit geschäftigem
Summen und Brummen, mit Lärm von Tabletts und Ge-
schirr. In Khartoum vermied Shadia es, mit Fareed allein
zu sein. Sie hatte es lieber, wenn andere dabei waren: Ver-
wandte, die vielen gemeinsamen Freunde. Wenn sie je mit
Fareed allein war, stellte Shadia sich immer vor, ihre Mutter oder ihre Schwestern leisteten ihr Gesellschaft, könnten sie hören, und sie sprach mit Fareed im Bewusstsein
dieses Publikums.

Bryan sagte etwas zu ihr, redete vom Rudern auf der Dee.
An Wochenenden ging er rudern, war Mitglied in einem
Ruderklub.

Shadias Disziplin war das Einschmeicheln, das hatte sie
gut trainiert. Leuten zu gefallen war gar nicht schwierig.
Ihnen beipflichten, niemals das Gespräch dominieren,
sparsam sein mit der Wahrheit. Und nun hatte sie jemanden vor sich, bei dem sie diese Strategie völlig außer Acht
lassen konnte.

Sie belehrte ihn: »Der Nil ist viel eindrucksvoller als die
Dee. Ich hab sie gesehen, deine Dee, die ist doch nichts,
kaum mehr als ein Rinnsal. Es gibt übrigens zwei Flüsse
mit Namen Nil, den Blauen und den Weißen, benannt nach
ihren Farben. Sie entspringen im Süden, an zwei verschie-

denen Stellen. Kilometerweit fließen sie durch Länder mit vielen Namen, ohne zu ahnen, dass sie sich eines Tages begegnen werden. Ich glaube, sie sind die Einsamkeit irgendwann leid, der Weg zum Meer ist so weit. Sie wollen das Meer erreichen, um sich endlich auszuruhen, nicht weiterfließen zu müssen. In Khartoum steht eine Brücke, unter der werden die beiden Flüsse zu einem. Von dieser Brücke aus kann man sehen, wie sie sich vermischen.«

»Hast du manchmal Heimweh?«, fragte Bryan. Shadia war erschöpft nach so viel Gerede über den Fluss, der fließt, bis er sich im Meer ausruhen kann. So hatte sie noch nie geredet. Luxusworte. Und jetzt diese Frage.

»Dinge, die ich vermissen sollte, vermisse ich nicht. Stattdessen vermisse ich Sachen, von denen ich nie gedacht hätte, dass sie mir eines Tages fehlen würden. Der *Azan*, mit dem die Muslime von der Moschee aus zum Gebet gerufen werden, ich weiß nicht, ob du davon gehört hast. Der fehlt mir. Früher wurde ich wach davon, bei Sonnenaufgang. Ich hörte ›Das Gebet ist besser als der Schlaf‹ und schlief gleich wieder ein. Ich bin nie aufgestanden, um zu beten.«

Sie senkte den Blick, betrachtete ihre Hände auf dem Tisch. Geständnisse brachten keine Erleichterung, nur sein Lächeln, jung, und einen Anflug von Staunen in seinen Augen.

»Wir hatten Islam als Schulfach«, sagte er. »Ich bin nach Mekka gepilgert.« Er öffnete seine Handflächen auf dem Tisch.

»Was!«

»In ’nem Buch.«

»Ach so.«

Der Kaffee war getrunken. Sie könnten gehen. Vor der nächsten Vorlesung sollte Shadia in der Bibliothek noch alte Examensarbeiten fotokopieren. Asafa, hilfsbereit wie er war, hatte ihr gezeigt, wo sie sie finden würde.

»Welcher Religion gehörst du an?«, fragte sie.

»Weiß nicht, keiner, glaub ich.«

»Wie furchtbar! Das ist doch schrecklich!« Ihre Stimme war zu laut, betroffen.

Er wurde wieder rot und klapperte mit seinem Löffel nervös gegen den Kaffeebecher.

Alle Höflichkeit über Bord werfen, sie musste sich unbeliebt machen bei ihm. Noch vor dem Vorfall mit der zerschlagenen Scheibe hatte Badr beteuert, hier im Westen hassen sie den Islam. Während Shadia aufstand, um zu gehen, fragte sie Bryan schnippisch: »Warum wirst du nicht einfach Muslim?«

Er zuckte die Achseln: »Nach Mekka würd ich schon gern gehen, das Buch war interessant.«

Shadia schossen Tränen in die Augen, Bryans Gesicht verschwamm, als er aufstand. Im Westen hassen sie den Islam und er... Sie sagte: »Danke für den Kaffee«, und ging, doch Bryan ließ sich nicht abschütteln.

»Shadiya, Shadiya«, er sprach ihren Namen falsch aus, machte aus zwei Silben drei, »hier gibt's ein Afrika-Museum. Ich war noch nie drin. Wenn du Lust hast, morgen...«

*

Schlechtes Gewissen, schlechter Schlaf, sie hätte sagen sollen, nein, ich muss zu viel nachholen. Schlechtes Gewissen, unsanftes Ruhekissen, Erinnerungen, Heimsuchungen von einem anderen Kontinent. Die neue Frau ihres Vaters, glücklicher als ihre Mutter, sorgloser. Wenn Shadia sie besucht, reicht sie Obst in einer Glasschale, eisgekühlte Orangen und Guaven, erfrischend bei der Hitze. Shadias Vater hatte keine Scheidung gefordert, hatte sie nicht verlassen wollen, er wollte zwei Frauen statt einer Scheidung. Doch ihre Mutter war zu stolz, stammte von reichen Vorfahren, aus einer Familie, die einen »Namen« hatte. Ihre Mutter nennt die neue Frau eine »Schlampe, Hure, Abschaum, ein Nichts«.

Sie müsste morgen ja nicht unbedingt ins Museum gehen, obwohl sie zugesagt hatte. Sie hätte Bryan sagen, beiläufig erwähnen sollen, dass sie verlobt war. Was erwartete er überhaupt von ihr? Europäer leben nach anderen Regeln, pflegen reduzierte, raue Sitten. Wenn Fareed wüsste ... ihre geheimen Gedanken wie Schlangen ... Vielleicht war sie ja wie ihr Vater, eine Verräterin. Ihre Mutter bezeichnete ihren Vater als unaufrichtig. Auch Shadia konnte unaufrichtig sein. Wenn sie mit Fareed im Auto unterwegs war, sagte sie mit Absicht: »Ich muss im Laden vorbei, wir brauchen Sachen für zu Hause.« Im Laden bezahlte er ihre Einkäufe, woraufhin sie beteuerte: »Nein, nicht, du bist zu großzügig, du bringst mich in Verlegenheit.« Von dem so ersparten Geld kaufte sie ihrer Mutter eine Bluse, Nagellack für ihre Mutter, eine Zeitschrift, teure Äpfel aus dem Ausland.

*

Es war völlig ungewöhnlich für sie, an einem Samstag vom Schreibtisch aufzustehen, ihr Zimmer abzuschließen und auszugehen. Auf dem Flur klingelte das Telefon. Fareed am

Apparat. Wenn er wüsste, wohin sie auf dem Weg war...
Ihr schlechtes Gewissen steckte ihr in der Brust wie ein
hart gekochtes Ei. Ein großes kaltes Ei.

»Shadia, bitte kauf Badezimmerarmaturen. Wasserhäh-
ne und Handtuchhaken. Ich schicke dir eine Liste, damit
du genau weißt, was ich brauche, und Geld...«

»Ich kann nicht. Das geht nicht.«

»Was heißt das, du kannst nicht. Jedes größere Kaufhaus
hat...«

»Es geht nicht, ich wüsste gar nicht, wo ich die Sachen un-
terbringen soll, wie soll ich sie denn verschicken?«

Ein Rascheln am anderen Ende der Leitung, und sie
konnte jemanden flüstern hören, Fareed war abgelenkt, bei
der Arbeit um diese Zeit, Glasflaschen füllten sich mit kla-
rer, sprudelnder Flüssigkeit, 7Up in Englisch und Arabisch
auf dem Etikett, weiß auf dunkelgrünem Grund.

»Kauf gute Qualität, Sachen, die es hier nicht gibt. Gold
wäre gut. Das passt zu...«

Gold. Goldene Toilettensitze!

»Leute, die von goldenen Tellern essen, schmoren dafür
in der Hölle, und du willst auf Gold sitzen!«

Fareed lachte. Er war es gewöhnt, seinen Kopf durchzu-
setzen, ließ sich nicht leicht aus der Ruhe bringen. »Machst
du dich lustig über mich?«

»Nein.«

In leiserem Ton: »Das Gespräch kostet...«

Ja, ja, schon verstanden. Er hätte sie nicht gehen lassen
sollen. Sie verkraftete die ganze Sache nicht, kam mit dem
Stress nicht zu Rande. Ihr ging es wie dem Studenten aus
Nigeria.

»Goldfarben, Shadia, nicht aus Gold. Das sieht elegant
aus.«

»Allah wird uns strafen dafür, das ist nicht richtig . . .«
»Seit wann bist du denn so gläubig!«

*

Bryan erwartete sie auf der Treppe vor dem Museum, sah vertraut aus im fremden Grau der Großstadtstraßen, auf denen Autoscheinwerfer schon mitten am Tag eingeschaltet waren. Er trug ein anderes Hemd, ein marineblaues Jackett. Ohne sie anzusehen sagte er: »Ich dachte schon, du kommst nicht mehr.«

Der Besuch im Museum war kostenlos, niemand verkaufte Eintrittskarten. Bryan und Shadia gingen über weiche Teppiche, dicke blaue Teppiche, und Shadia hätte gern ihre Schuhe ausgezogen. Gleich zu Beginn trafen sie auf einen Schotten aus viktorianischer Zeit. Er saß auf einem Stuhl, umgeben von Beutestücken aus Afrika: überquellende Truhen, eine alte Landkarte, ausgebreitet am Boden der Vitrine. Dieser und die übrigen Schaukästen spendeten das einzige Licht im Raum, reflektiert vom gewachsten Fußboden. Shadia wandte sich ab; dieses wirre Haar, täuschend echt, dieser entschlossene Gesichtsausdruck, der Mann wirkte hässlich, so wie er dasaß. Ein Held, weit gereist und heimgekehrt, reich beladen, bereit zum Rapport.

Bryan begann, jede Vitrine eingehend zu studieren, las alle Informationstafeln an den Wänden. Shadia folgte ihm, fand ihn wissbegierig, aufmerksam. Deshalb gelang ihm sein Studium auch so gut. Sie beobachtete, wie aufmerksam er sich ansah, wozu sie sich überwinden musste: Tafeln lesen, Informationen aufnehmen. Außer den Seminaraufgaben hatte sie lange nichts gelesen. Doch sie nahm sich zusammen, sagte die Worte leise vor sich hin, bewegte die Lippen ... »*Im 18. und 19. Jahrhundert hatte der Nordosten Schottlands unverhältnismäßig großen Einfluss auf die übrige Welt, denn von hier aus zogen zahlreiche Menschen hinaus, erfahren und ihrer Sache verpflichtet. Ihrem Königreich ergeben, gaben und nahmen sie, veränderten andere, wurden selbst verändert. Und nicht selten kehrten sie mit greifbaren Beweisen für ihre Reisen heim.*«

Die greifbaren Beweise hatten Shadia und Bryan nun vor Augen, konserviert, über all die Jahre hinweg. Shadia betrachtete die Gegenstände, zusammenhanglos verstreut, fehl am Platz, aus ihrer Zeit gerissen. Eisen und Kupfer, Statuetten. Nichts hier war von ihr, nichts von alledem gehörte zu ihrem Leben zu Hause, nichts, was sie vermisste. Hier lag Europas Vision, Klischees von Afrika; kalt und alt.

Das trübe Licht und die gedämpfte Stille hatte sie nicht erwartet. Außer ihnen hielt sich nur ein Mann mit Aktentasche hier auf, und eine Frau, die sich Notizen machte; vielleicht waren ja im zweiten Stock noch Besucher, die sie von hier aus nicht sehen konnte. Ein Elektrogerät brummte, eine Heizung vielleicht, oder die Beleuchtung, ähnlich einer Klimaanlage, und so fühlte sich Shadia wie in einem Flugzeug ohne Fenster, von der Außenwelt abgeschnitten.

»Er sieht aus wie du, findest du nicht?«, sagte sie zu Bryan. Sie standen vor dem Porträt eines Soldaten, der im ersten Jahr des 20. Jahrhunderts sein Leben gelassen hatte. Es lag an seiner Haarfarbe, an den Augen. Doch Bryan gab keine Antwort, war nicht ihrer Ansicht. Er konzentrierte sich auf die Bildunterschrift. Als sie genauer hinsah, erkannte Shadia, dass sie sich getäuscht hatte. Bryan fehlte dieser ausdrucksstarke Blick, diese Entschlossenheit. Die Menschen damals glaubten tatsächlich fest an ihre Sache.

Biografien von Entdeckern, ausgebildet in Edinburgh. Sie wussten, was es nach Afrika mitzunehmen galt: Ärzte, Mut, das Christentum, Handel, Zivilisation. Sie wussten, was sie heimbringen wollten: Baumwolle – bewässert vom Blauen Nil, vom Sambesi. Shadia ging hinter Bryan her, spürte seine Konzentration, sein ernsthaftes Interesse für das, was er sah, und dachte: »Auf einem Foto würden wir nicht gut zusammen aussehen.«

Sie berührte die Scheibe einer Vitrine, in der Papyrusrollen lagen, kupferne Töpfe. Sie presste Stirn und Nase gegen das kühle Glas. Sie wäre in diesem Kasten kein schönes Ausstellungsstück. Fehl am Platz wäre sie, zu modern, randvoll mit Mathematik.

Nur der Teppich, petrolblau, gefiel ihr. Shadia war in dieses Museum gekommen und hatte Licht erwartet, Fotografien des Nil, etwas, das ihr Heimweh lindern würde: einen Trost, ein Zeichen. Doch die Zeichen galten nicht ihr, weder ihr noch ihresgleichen. Ein Brief aus Westafrika, 1762, der Brief eines Bediensteten an seinen Auftraggeber in Schottland. Ein Angestellter, der im Tausch für europäische Waren afrikanische Kuriositäten erstand. *»Es war nicht leicht, den Eingeborenen verständlich zu machen, was ich wollte, selbst mit einem Dolmetscher nicht. War dies doch ein Ansinnen, das man nur selten an sie herantrug. Schließlich aber schaffte ein jeder etwas herbei, und sie lachten herzlich über mich und fanden, ich sei ein guter Mensch, ihr Land so sehr zu lieben ...*

Mein Land so sehr lieben. Shadia sollte nicht hier sein, hier war nichts für sie. Shadia wollte Minarette sehen,

Boote, zerbrechlich, auf dem Nil, Menschen. Menschen wie ihren Vater. Wie oft hatte sie in seinem Wartezimmer gesessen, inmitten schwangerer Frauen, voll banger Erwartung, weil sie ihn in wenigen Minuten sehen würden. Sein Sprechzimmer, die Klimaanlage und der Geruch seiner Pfeife, sein weißer Kittel. Wenn sie ihn umarmte, konnte sie sein Mundwasser riechen, Listerine. Er merkte sich nie, wie alt sie war, was sie studierte. Wie sollte man bei sechs Töchtern auf dem Laufenden bleiben? Für Shadia bedeutete seine Verwirrung Freiheit, viele Spiele, Neckereien. Sie besuchte seine Klinik heimlich, belog ihre Mutter. Shadia liebte ihren Vater mehr als ihre Mutter, die alles für sie tat, ihr Zimmer aufräumte, ihr Kleider aus Burda-Heften nähte. Shadia war fünfundzwanzig und ließ ihre Mutter noch all ihre Wäsche waschen, mit der Hand, Schlüpfer und Büstenhalter inbegriffen.

»Ich weiß, warum sie weg sind«, sagte Bryan, »kann verstehen, warum sie sich auf die Reise gemacht haben.« Endlich sagte er ein Wort. So ergriffen hatte sie ihn bisher nicht erlebt. Er sprach leise: »Sie mussten weg, raus hier . . .«

»Dem scheußlichen Wetter entkommen«, machte Shadia sich lustig über ihn. Sie wollte ihn demütigen. Er schien Helden zu sehen in den Imperialisten, die ihre Geschichte mit Füßen getreten hatten.

Bryan schaute sie an. »Abhauen«, wiederholte er.

»Das war doch in ihrem eigenen Interesse«, gab Shadia zurück, »Leute gehen weg, weil sie sich Vorteile davon versprechen.«

»Ich will weg«, sagte Bryan.

Shadia erinnerte sich an seine geöffneten Handflächen auf dem Tisch in der Cafeteria und an seine Worte. »Ich bin nach Mekka gepilgert«, hatte er mit stolzer Stimme erklärt.

»Ich hätte woanders studieren sollen«, fuhr er fort. »In einer andern Stadt, irgendwo im Süden.«

Ihr gegenüber war er im Vorteil, haushoch. Sie kämpfte und rackerte sich ab für einen Fetzen Papier, der ihr bescheinigte, dass sie an einer britischen Universität einen M.Sc. erworben hatte. Er aber setzte hier einfach seine Ausbildung fort.

»Hier, schau dir das an«, sagte er und legte die Hand auf ihren Arm. Niemand hatte sie bisher berührt, nicht, seit sie ihre Mutter zum Abschied umarmt hatte. Seit Monaten war sie nun schon in diesem Land, und niemand hatte sie berührt.

Sie zog ihren Arm weg, lief schnell die Treppe hoch. Metallstufen klapperten unter ihren Schritten. Sie lief weiter nach oben, ins nächste Stockwerk. Gewehre, eine Batterie Gewehre, auf sie gerichtet. Die hatten nur darauf gewartet, sie wegzupusten. Schottische Feuerwaffen, Jahrhunderte alt, im Dienste des Empire.

Silberne Gewehrläufe, heute schmutzig grau. Unter der Sonne der fernen Länder von einst hatten sie sicher prächtig gefunkelt. Wenn sie Shadia nun wegpusteten, wohin würde sie fliegen, wo zu Boden gehen? Ein Fenster gab den Blick frei auf den feindlichen Himmel. Shadia zitterte trotz der Wolle, die sie trug, trotz der Kleiderschichten. In der Hölle lodert nicht nur Feuer, dort herrscht auch Eiseskälte, Eisfolter und Schnee. Schottlands Winter gibt eine Vorstellung von dieser unsichtbaren Welt, ihr Hauch dringt hier bis in die Knochen.

Shadia setzte sich auf eine Bank. Keine Menschenseele in diesem Stockwerk. Sie war allein mit Skizzen von Dschungeltieren, mit Wörtern an den Wänden. Ein Diplomat fern der Heimat, in Äthiopien 1903; Asafas Heimat, lange bevor Asafa auf der Welt war. *»Es ist schwer, sich etwas auszumalen, das größere Befriedigung böte oder mehr lohnte als eine Löwenjagd. Wir ritten zurück zum Lager in einem Gefühl der Zufriedenheit. Archie hatte völlig Recht, als er feststellte, dass wir erst jetzt zum ersten Mal richtig in Afrika gewesen seien – im wahren Afrika der Dschungel, bevölkert allein von wilden Tieren, und Ebenen mit Antilopenherden, so weit das Auge reicht.«*

»Shadiya, wein doch nicht.« Er sprach ihren Namen noch immer falsch aus, weil sie ihm nicht gesagt hatte, wie sie richtig hieß.

Er setzte sich neben sie auf die Bank, das verschwommene Blau seines Jacketts verdrängte die Gewehre, die Umrisse der Antilopenherden an der Wand. Sie sollte ihm erklären, dass ihr leicht die Tränen kamen, kein Grund zur Beunruhigung. Seine Frage unbeholfen: »Warum weinst du?«

Er wusste ja nichts, verstand nichts. Er war völlig der Falsche, kein Ersatz...

»Nichts als Lügen in diesem Museum«, sagte Shadia. »Glaub ihnen kein Wort. Nichts hier stimmt. Nicht Dschungel und Antilopen, sondern Menschen. Wir haben Computer und Autos. Bei uns in Afrika gibt's 7Up, und manche Leute, ein paar wenige, haben sogar goldene Badezimmerarmaturen... Ich dürfte nicht hier sein mit dir. Du solltest gar nicht mit mir reden...«

»Museen ändern sich, ich kann mich ändern...«, wandte er ein.

Er wusste ja nicht, wie steil dieser Pfad war, für den ihr die Kraft fehlte. Er hatte ja keine Vorstellung. Tausend

Dinge, Jahre und Landschaften, tiefe Gräben. Wenn sie stark gewesen wäre, hätte sie erklärt, wäre nicht müde geworden, zu erklären. Geduldig hätte sie ihm eine neue Sprache beigebracht, geschwungene Buchstaben wie Epsilon und Gamma, die ihm aus der Mathematik vertraut waren. Sie hätte ihm gezeigt, dass man Wörter von rechts nach links lesen konnte. Wenn sie im Museum nicht kleinmütig gewesen wäre, sondern stark, dann hätte sie die Reise nach Mekka wirklich gemacht, nicht nur in einem Buch.

Ifeoma Okoye
Die Macht eines Tellers Reis

Eilig ging ich zum Büro von Mr. Aziza, schon ganz außer
Atem von meinem stetig wachsenden Unmut. Die Januar-
sonne brannte wie verrückt und zog einen ungebührlichen
Vorteil aus dem zeitweiligen Rückzug des saisonbedingten
Harmattan. Als ich das Büro am Ende des Verwaltungsge-
bäudes erreichte, erinnerte ich mich an einen Grundsatz
meiner Mutter: »Tu nichts aus einem Ärger heraus. Warte,
bis dein Ärger dahingeschmolzen ist wie dickflüssiges
Palmöl, das in der Sonne steht.« Mutter war eine Philoso-
phin in allen Lebensfragen. Arme Frau. Sie starb, bevor ich
ihr für all die Opfer danken konnte, die sie für mich er-
bracht hatte, abgesehen von all den Annehmlichkeiten, auf
die sie verzichtet hatte, damit ich eine gute Ausbildung bekam, und von der finanziellen Last, die sie während der
langen Krankheit meines Vaters und nach seinem viel zu
frühen Tod für die Familie getragen hatte. In Verehrung
meiner Mutter stand ich einige Sekunden lang vor Mr. Azizas Tür und versuchte, meinen Ärger zu kontrollieren, wo-
mit ich aber kläglich scheiterte. Nur ein Engel oder ein
Idiot würden in meiner Situation ruhig bleiben.

Schließlich klopfte ich an die fleckig-grüne Tür.

»Herein.«

Mr. Azizas autoritäre Stimme traf mich wie ein Schlag
und schreckte mich auf. Ich öffnete die Tür und ging hinein, während mein Ärger weiter schwelte...

Mr. Aziza, der Direktor der Secondary School, an der ich
als Lehrerin unterrichtete, saß an einem mittelgroßen

Schreibtisch aus billigem weißen Holz, der lackiert war. Bücher, Akten, Briefkörbe und loses Papier stritten um einen Platz auf dem Tisch. Er hob seinen Kokosnuss-Kopf, schloss die Akte, die er gerade las, nahm die plastikgerahmte Brille ab und starrte mich an.

»Nun, Mrs. Cheta Adu. Was wollen Sie?« Seine Stimme klang defensiv, und der Blick aus seinem zerfurchten Gesicht machte mir Angst.

Ich atmete tief durch. »Sir, der Buchhalter erzählte mir gerade, sie hätten ihm gesagt, er solle mir mein Gehalt nicht auszahlen.«

Wir wurden unregelmäßig bezahlt. Obwohl es schon Ende Januar war, handelte es sich um mein Oktobergehalt aus dem letzten Jahr. Wir bekamen vier Monate kein Gehalt und gingen trotzdem regelmäßig zur Arbeit.

»Ja, das stimmt, Mrs. Cheta Adu.« Mr. Azizas kleine, schmale Augen spießten mich auf wie eine tödliche Waffe. Einer der Lehrer hatte es einmal so ausgedrückt: Er paralysierte seine Beute mit den Augen, bevor er ihr den Todesstoß versetzte.

»Was habe ich getan, Sir?«, fragte ich und versuchte in das Wort *Sir* so viel Sarkasmus zu legen, wie ich konnte, um deutlich zu machen, wie ich mich fühlte.

Mr. Aziza berührte seine Knollennase, der Teil seines Körpers, der schon für so manchen Witz unter den Lehrern herhalten musste. Er war dafür bekannt, dass er das Essen mehr als alles andere liebte, und eine Lehrerin hatte einmal gesagt, dass das meiste von dem, was er aß, wohl in seine Nase wandern würde.

»In der letzten Woche haben sie in der Schule vier Tage unerlaubt gefehlt«, erklärte Mr. Aziza schließlich.

Mein Ärger, der für wenige Minuten auf kleiner Flamme geköchelt hatte, kochte plötzlich hoch wie ein Topf *Ogbono*-Suppe, unter dem das Feuer geschürt wurde.

Ich sagte, so ruhig ich konnte: »In diesen vier Tagen, Sir, habe ich beinahe mein Kind verloren. Ich hatte Ihnen die Umstände bereits erklärt. Mein Kind ist plötzlich krank geworden, ich musste es ins Krankenhaus bringen. In diesen vier Tagen, Sir, hat es um sein Leben gekämpft.«

»Ja und?«, intonierte Mr. Aziza.

Es klopfte an der Tür. Ich drehte mich um und sah das bärtige Gesicht des stellvertretenden Direktors, als er öffnete. »Ich bin gleich zurück«, sagte sein dünnlippiger, behaarter Mund und verschwand wieder.

Ich wandte mich wieder zu Mr. Aziza und erinnerte ihn daran, dass ich ihm doch jemanden geschickte hatte, um ihm mitzuteilen, dass mein Kind im Krankenhaus war.

»Nachdem sie seit Tagen nicht zur Schule gekommen waren«, beschwerte sich Mr. Aziza.

»Ja, Sir, aber mein Kind war in akuter Gefahr, und ich war zu verzweifelt, um zu schreiben. Ich hatte geglaubt, sie würden das verstehen.«

»Und haben Sie sich der Mühe unterzogen, herauszufinden, ob Ihre Freundin mir die Nachricht übermittelt hat oder nicht?«

»Sie sagte mir, dass sie sie am selben Tag übermittelt hat, an dem ich sie zu Ihnen geschickt hatte. Sie waren nicht in Ihrem Büro, als sie vorbeiging, und dann vergaß sie es bis zum nächsten Tag. Ich habe mich bereits für all diese Verzögerungen entschuldigt, Sir.«

Mr. Aziza öffnete eine andere Akte und begann darin zu blättern. »Sie bekommen ihr Gehalt Ende Februar«, sagte er.

Ich rang nach Luft. »Wollen Sie damit sagen, dass ich bis Ende Februar auf mein Gehalt warten muss?«

»Genau.«

»Das würde ja bedeuten, dass ich fünf Monate lang ohne Gehalt wäre!«

»Ihre Berechnungen interessieren mich nicht.«

Mr. Aziza war dafür bekannt, seine Lehrer zu bestrafen, indem er ihnen das Gehalt vorenthielt. Ich hatte allerdings noch nie davon gehört, dass er das Gehalt länger als zwei Wochen zurückhielt. Er war immer der Ansicht gewesen, und das drückte er auch in Worten und Taten aus, dass er seinen Lehrern einen Gefallen damit tue, wenn er sie bezahle, obwohl die Schule dem Bundesstaat gehörte und auch von diesem finanziert wurde.

»Wovon soll ich meine beiden Söhne ernähren, Sir?«, fragte ich.

»Das ist ihr Problem, nicht meins«, antwortete Mr. Aziza.

Ich weigerte mich, weiter darüber nachzudenken. Der Januar war, wie jeder schlecht und mittelmäßig bezahlte Arbeiter in meinem Land aus Erfahrung weiß, der längste Monat des Jahres. Nach den enorm zwanghaften und oft sinnlosen Ausgaben zu Weihnachten und zu Neujahr blieb einem lohnabhängigen Arbeiter nur noch wenig Geld für den Rest des Monats Januar. Und diejenigen, die Kinder in der Schule hatten, mussten auch noch Schulgebühren, Schulbücher und Schuluniformen für das neue Schuljahr bezahlen, was sich oft zu einem Alptraum entwickelte. Dieses Jahr erging es mir und den anderen Lehrern in der Schule noch schlechter, weil wir das letzte Mal im September des letzten Jahres bezahlt worden waren.

»Ich bin Witwe, Sir«, ersuchte ich Mr. Aziza. »Ich bin die einzige Verdienerin in meiner Familie. Die Zeiten sind

hart. Meine Kinder können nicht bis Ende Februar überleben ohne mein nächstes Gehalt.«

Mr. Aziza sagte:»Das interessiert mich nicht, Mrs. Cheta
Adu. Meine Entscheidung steht fest.«

Er stand auf, zog seine Hose hoch, ging an das Fenster zu
seiner Rechten und schaute hinaus. Er war ein kleiner,
drahtiger Mann, der Typ Mann, vor dem meine Mutter
mich oft gewarnt hat.

Hilflos stand ich da und beobachtete diesen Mann, der
für seine Unnachgiebigkeit bekannt war. Aufgrund der Erfahrungen von Kollegen wusste ich, dass es zwecklos war,
meinen Fall gegenüber der staatlichen Schulbehörde vorzu-
tragen, da Mr. Aziza sich bei den mächtigen und hochrangi-
gen Beamten eingeschmeichelt hatte. Als Direktor einer
der Eliteschulen unseres Bundesstaates hatte er geholfen,
ihre Kinder in seiner Schule unterzubringen, auch wenn
die schlechtesten Schüler unter ihnen bei der Aufnahme-
prüfung durchgefallen waren. Ich wusste auch, dass es keinen Sinn hatte, gegen Mr. Aziza vor Gericht zu ziehen. Woher sollte ich das Geld für einen Rechtsanwalt nehmen?
Außerdem war bekannt, dass Zivilprozesse sich wegen der
unnötigen und oft absichtlichen Vertagungen durch die Ge-
richte über Monate oder sogar Jahre hinziehen konnten.

Mr. Aziza ging zu seinem Stuhl zurück und setzte sich.

Ich schaute ihn scharf an und verließ sein Büro, ohne
noch etwas zu sagen. Im Taxi, das mich nach Hause brachte,
dachte über nichts anderes als Mr. Aziza nach. Zum zweiten Mal war ich von seiner Gnade abhängig. Das erste Mal
passierte das vor fünf Jahren, als ich von einer Secondary
School in Onitsha, an der ich vor meiner Heirat arbeitete,
an seine Schule wechselte. Als er den Brief las, der meinen

Wechsel ankündigte und den ich ihm persönlich überbracht hatte, erklärte er: »Ich will keine weiteren Lehrerin-
nen mehr an meiner Schule haben, vor allem keine verheirateten.«

»Was haben wir getan?«, wollte ich wissen.

»Sie sind ein faules Pack«, hatte er geantwortet. »Sie finden immer Entschuldigungen dafür, der Schule fernzublei-
ben. Heute ist es Ihr krankes Kind, morgen die Beerdigung
des einen oder anderen Verwandten.«

Als er sich offiziell weigerte, mir eine Anstellung an seiner Schule zu geben, ging ich zu einer Taktik über, die ich
früher schon erfolgreich angewandt hatte. Ich rief jeden
Tag in seinem Büro an, häufig, ohne ein Wort zu sagen, bis
ich seinen Widerstand gebrochen hatte und er mich akzep-
tierte. Diesmal hatte ich jedoch das Gefühl, dass er nicht
nachgeben würde, egal was ich tat.

Als ich nach fünf abends zu Hause ankam, lief meine
Schwiegermutter mit meinen zweijährigen Sohn Rapulu,
den sie sich auf den Rücken gebunden hatte, vor meiner
Wohnung auf und ab und zog den vierjährigen Dulue hinter sich her.

»Du kommst spät, Cheta«, sagte meine Schwiegermutter.
»Ich dachte schon, dass du gar nicht nach Hause kommen
würdest.« Sie sah müde und besorgt aus.

»Es tut mir Leid, Mama, ich habe Probleme in der
Schule.« Ich ging auf sie zu, nachdem ich Dulue in den Arm
genommen hatte, der hinter mir hergetrottet war. »Und wie
geht es Rap?«, fragte ich.

»Er ist krank.«

Ich berührte mit dem Handrücken die Stirn meines jüngeren Sohns. Sie war kochend heiß.

»Du wirst doch nicht wieder krank, Rapulu?«, wisperte ich. Laut fragte ich: »Seit wann hat er Fieber, Mama?«

»Kurz nachdem du heute Morgen zur Schule gefahren bist, fing es an«, antwortete meine Schwiegermutter.

Ich half ihr, Rapulu von ihrem Rücken zu binden, und nahm ihn mit rein, während Dulue hinter mir lief. Ich zog Rapulu aus. Legte ihn auf die Couch, holte eine Flasche mit kaltem Wasser und ein Handtuch und begann, ihn damit abzutupfen. Er schrie und strampelte um sich, doch das ignorierte ich. Dulue, der an seinem Daumen lutschte, murmelte dauernd, dass er hungrig sei, während meine Schwiegermutter sprachlos dabei stand und mir zusah.

Dann fiel mir ein, dass ich Rapulu ein fiebersenkendes Mittel hätte geben müssen. Ich rannte in das einzige Schlafzimmer der Wohnung und kam schnell mit einer kleinen Flasche wieder zurück. Ich nahm Rapulu in meine Arme und gab ihm einen Teelöffel mit bitter-süßer Medizin; dann begann ich erneut, ihn abzutupfen.

Meine Schwiegermutter schlief bald ein. Die Arme, sie hatte einen anstrengenden Tag hinter sich. Auch sie war Witwe, und ich hatte sie hergeholt, damit sie auf meine Kinder aufpasste. Dafür sei sie gesegnet, denn was hätte ich getan, wenn sie sich geweigert hätte zu kommen? Ich hatte sie aber auch geholt, um Kosten zu sparen. Ich hatte ihr jeden Monat Geld geschickt, um die niedrigen Erträge ihrer Felder aufzubessern.

Spät aßen wir unser Abendessen aus Yam und reinem Palmöl. Es war das letzte Stück Yamwurzel im Haus. Ich hatte schon auf das Mittagessen verzichtet, um sicherzustellen, dass die Suppe aus *Garri* und *Egusi*, die ich übrig gelassen hatte, für zwei Abende reichte.

Es war eine lange Nacht. Zunächst lag ich wach, weil ich fürchtete, dass es Rapulu schlechter gehen würde, doch das Fieber ging glücklicherweise runter. Dann ging mir durch den Kopf, was mir alles passiert war, seit ich Afam verloren hatte. Afam war das einzige Kind und vor etwas mehr als einem Jahr bei einem schrecklichen Autounfall ums Leben gekommen. Er war ein brillanter Banker gewesen. Wir hatten zusammen die Universität besucht, wo er Bankwesen studierte und ich Mathematik. Wie es das Schicksal wollte, erhielten wir beide einen Posten in unserem National Youth Service im selben Bundesstaat. Am Ende dieser Zeit waren wir verlobt, kurz darauf heirateten wir. Er starb zwei Wochen nach unserem fünften Hochzeitstag, und seitdem bedeutete mein Leben eine endlose Reise in ein Land aus Härte und Enttäuschung. Ich hatte alle unsere Ersparnisse dafür verwendet, eine Beerdigung auszurichten, die meine und seine Familie für angemessen hielten und die ich als sinnlose Verschwendung unseres sauer verdienten Geldes ansah.

Fast die ganze Nacht machte ich mir darüber Sorgen, wie ich die Januarmiete bezahlen, meine beiden Söhne und meine Schwiegermutter ernähren und was ich tun sollte, wenn Rapulu so krank würde, dass er ins Krankenhaus müsste. Ich hatte mir schon von zwei Freunden Geld geliehen und wusste nicht, wo ich den Mut hernehmen sollte, um erneut zu ihnen zu gehen.

Doch ich lieh mir wieder Geld und schaffte es in den nächsten zwei Wochen, meine Familie zu ernähren, indem ich manchmal nichts aß. Ich wurde nervös und meine Schüler beschwerten sich, dass ich ihnen gegenüber zu streng auftreten würde. Meine sonst so ausgeglichene

Schwiegermutter nörgelte ebenfalls an mir herum und ging mir endlos auf die Nerven. Meine beiden Söhne bekamen einen Wutanfall nach dem anderen und weinten die meiste Zeit. Bald hatte ich kein Geld mehr und auch niemanden, der mir noch einmal Geld lieh. Ich hatte einen Punkt erreicht, an dem ich entweder etwas ganz Drastisches unternehmen oder es zulassen musste, dass meine Söhne verhungerten.

Am 23. Februar ging ich nach Schulschluss in Mr. Azizas Büro und bat ihn noch einmal darum, mich endlich zu bezahlen.

»Sie verschwenden Ihre Zeit, Mrs. Cheta Adu«, sagte er. »Ich werde meine Meinung niemals ändern. Sie werden ihr Gehalt am 28. Februar bekommen und keinen Tag früher.«

Ich verließ sein Büro und wartete im Vorzimmer auf ihn. Um vier Uhr verließ er die Schule. Ich folgte ihm bis zu seinem Haus, das in der Nähe der Schule lag. Er drehte sich um und fragte, warum ich ihm folgte. Ich schwieg. Er öffnete die Tür und ging hinein. Leise folgte ich ihm ins Esszimmer und setzte mich, ohne eingeladen zu sein, hin. Der Raum war spärlich möbliert. Auf einem Regal stand ein Schwarzweißfernseher neben einem kleinen Transistorradio. In der Nähe des Bücherregals standen ein kleiner Esstisch und ein Stuhl.

Mr. Aziza lebte allein. Seine Frau und seine sechs Kinder wohnten in Onitsha, zirka 120 Kilometer von hier.

Er drehte sich um und sah mich an. »Sehen Sie, Mrs. Adu, Sie werden nichts erreichen, wenn Sie mir wie ein Hund folgen. Sie können sich hier für immer niederlassen, aber Sie werden meine Meinung nie ändern.« Er verschwand durch eine Tür auf der rechten Seite.

Bald betrat der *Houseboy* den Raum und begann, den Tisch zu decken. Der Geruch des *Jollof*-Reis stieg mir in die Nase und rief den Hunger hervor, den ich vor lauter Wut, Niedergeschlagenheit und Verzweiflung unterdrückt hatte. Der *Houseboy* war fertig und verließ den Raum.

Ich stand plötzlich auf, ging zum Esstisch und setzte mich auf den Stuhl, der davor stand. Ich hob den Deckel von der Schüssel und starrte auf den Appetit anregenden Reisberg. Dann nahm ich den Löffel, der neben dem Teller lag, und begann zu essen. Ich aß schnell und nicht nur mit Genuss, sondern auch mit einem Gefühl von Rache und Feindseligkeit.

Ich hörte die Tür knarren und sah, dass Mr. Aziza das Esszimmer betrat. Seine Kinnlade fiel herunter, und sein Mund blieb offen stehen, als er mich anstarrte.

»Was glauben Sie, was Sie da tun, Mrs. Cheta Adu?«, schrie er, nachdem er endlich seine Sprache wieder gefunden hatte. Ungläubigkeit lag auf seinem ganzen Gesicht.

Ich ignorierte seine Frage und hielt mich weiter an den Reis. Ich schaufelte mir ein großes Stück Fleisch und Reis in den Mund, und meine Backen blähten sich.

Mit schnellen Schritten erreichte Mr. Aziza den Tisch, griff mit der rechten Hand nach meinem Löffel und entriss mir mit der linken Hand die Reisschüssel. Da war sie aber schon fast leer. Ich erhob mich von meinem Stuhl und wich zurück, weil ich glaubte, er wolle mich schlagen.

Mit tödlichem Blick sah er mich an. »Verlassen Sie mein Haus, raus, sage ich!«

»Nicht bevor ich mein Gehalt bekommen habe«, sagte ich ruhig. Die schiere Verzweiflung hatte mir eine Form von Mut verliehen, den ich nie zuvor gekannt hatte. »Ich werde bis zum Abendessen warten.«

Mr. Aziza fuhr mich an. »Raus mit Ihnen. Gehen Sie zum Buchhalter. Sagen Sie ihm, er kann Sie nun bezahlen.«

Ich erwiderte ruhig: »Er wird mir nicht glauben. Sie geben mir besser eine kurze Nachricht für ihn mit.«

Er schrieb schnell eine Mitteilung, warf sie mir zu, und ich fing sie auf. Ich bemühte mich, ein Lächeln zu unterdrücken, und sagte: »Danke, Sir.« Dann verließ ich den Raum, immer noch auf dem zähen Stück Fleisch herumkauend.

Lília Momplé
Stress

Die Geliebte des Generalmajors sitzt auf dem Balkon im zweiten Stock und flüstert empört: »Trunkenbold.«

Sie kann ihn deutlich sehen, wie er in dem abgenutzten Ledersessel mit einem Glas Bier in der Hand und einem Transistorradio auf dem Tischchen neben sich zurückgelehnt sitzt. »Trunkenbold«, wiederholt sie, ohne ihre Augen von dem Mann zu lassen. »Er wird den ganzen Nachmittag trinken.«

Der Mann spült sein Bier mit kaum verhohlener Gier herunter, und seine ganze Aufmerksamkeit richtet sich auf das Glas und das Radio. Einen Moment lang, einen kurzen Moment lang glaubt die Geliebte des Generalmajors, dass er sich ihrer Gegenwart bewusst ist, doch dann erkennt sie, dass sein unruhiger Blick sie wie immer ausschließt. Er ist total fixiert auf das Radio und das Glas Bier.

Sonntags, und das passiert an jedem Sonntag um diese Zeit, geht die Geliebte des Generalmajors auf ihren Balkon, von wo aus sie die Straße überblicken kann. Sie hat allein zu Mittag gegessen in ihrem riesigen Wohnzimmer, das hell und licht sein könnte angesichts seiner Größe, der weiß gestrichenen Wände und der großen Balkontür. Wegen der vielen Möbel, die aus wertvollem, sehr dunklem *Jambire*-Holz gefertigt sind, wegen des Teppichbodens, wegen des Schnickschnacks aus Metall, der samtbezogenen Sessel und der schweren Vorhänge ist es trotzdem ein düsterer Ort. Selbst der Staub, der im Zimmer herumwirbelt, scheint verstört zu sein.

Das Wohnzimmer ist in der Tat ein Ort, der in empfindsamen Besuchern eine tiefe und heimtückische Melancholie hervorruft, die sie veranlasst, sich manchmal mitten in der Unterhaltung überstürzt zu verabschieden, als ob sie plötzlich nicht mehr atmen könnten in all diesem Luxus, der mit einem so ungeheuerlich schlechten Geschmack kombiniert ist. Ein Gefühl der Dringlichkeit treibt sie hinaus auf die Straße.

Für die Geliebte des Generalmajors ist es jedoch ihr Reich, randvoll möbliert, mit Teppichboden, Vorhängen und dem Schnickschnack, den sie selbst ausgesucht hat und den der Generalmajor ohne Gefeilsche wegen der hohen Preise und des fragwürdigen Gebrauchswert gekauft hat. Darum fühlt sie sich so wohl hier; geradeso wie vor einiger Zeit, als sie mittags an dem riesigen Esstisch aus *Jambire*-Holz saß und ein stiller, tüchtiger Diener ihr das Essen servierte, während sich in ihrem Kopf angesichts der berauschenden Vorstellung, dass alles, was ihre Augen sahen, ihr gehörte, alles drehte.

Nach dem Mittagessen steigerte das entspannende Ritual des Ankleidens und Schminkens noch ihr augenblickliches Wohlgefühl. Es war ein Ritual, dem sie sich mit dem ganzen Eifer der Frauen hingab, die alleine leben und ihre Einsamkeit durch ein sorgfältig gepflegtes Äußeres auszugleichen versuchen.

Schon im Schlafzimmer zog sie ihren Morgenrock aus, den sie seit ihrem morgendlichen Bad trug und in dem sie so gerne am Sonntagmorgen durch die Wohnung lief. Sie tauschte ihn gegen das Kleid, das sie am Tag zuvor ausgesucht hatte. Es war aus Schantungseide – meergrün, körperbetont – mit einem auch hinten großzügigen Ausschnitt und bis zur Taille mit winzigen Knöpfen geknöpft. Eine moderne Note erhielt es durch den breiten Gürtel und die halblangen Ärmel mit den vielen Fältchen an den Schultern. Nachdem sie Kleid und Schuhe angezogen hatte, betrachtete sich die Geliebte des Generalmajors anerkennend im Spiegel und war sich bewusst, wie gut das Kleid zu ihrem schlanken, biegsamen Körper passte und wie sehr seine meergrüne Farbe die Bernsteintönung ihrer hellen *Mulata*-Haut unterstrich.

Dann betupfte sie ihr Gesicht mit Gesichtswasser und wartete, bis es völlig eingezogen war. Danach trug sie mit leichten und schnellen Bewegungen die Grundierung auf und massierte mit kreisförmigen Bewegungen vorsichtig ihre Haut, bis diese so glänzte, wie es nur mit hochwertigen Pflegeprodukten zu erreichen ist. Nun war es Zeit, den wohlriechenden Puder aufzutragen, ein Hauch von Rouge auf die Wangen zu legen und die Konturen der Lippen mit einem ockerroten Lippenstift zu betonen. Anschließend verlangte das Schminken der Augen die größte Sorgfalt: das Auftragen des Lidschattens und das Zeichnen eines unfehlbaren Lidstrichs entlang der Wimpern, die sie mit Wimperntusche verlängerte.

Erst jetzt, nachdem sie etwas Parfüm hinter die Ohren getupft und noch einmal anerkennend ihr Spiegelbild betrachtet hatte, fühlte die Geliebte des Generalmajors sich bereit, das Schlafzimmer zu verlassen.

Wie an jedem Sonntag, seitdem sie in der Wohnung lebte, wartet sie nun auf dem Balkon, von dem aus sie die Straße überblicken kann, auf ihren Geliebten, während sie sich den Blicken der Passanten und Nachbarn darbietet.

Zu dieser Zeit ist die Straße fast menschenleer, und in der Luft hängt eine dumpfe Langeweile, die in der Woche zwar latent vorhanden, an den Sonntagnachmittagen aber fast greifbar ist.

Die Langeweile verbirgt sich in den Wohnblocks und Häusern: uncharakteristische Konstruktionen von ermüdender Schönheit, die während der Kolonialzeit von portugiesischen Unternehmern mit viel Geld und zweifelhaftem Geschmack entworfen worden waren. Inzwischen können es aber auch die Bewohner der Wohnblocks und Häuser selbst sein, die diese Langeweile hervorrufen.

Einige lebten schon zur Kolonialzeit dort. Es sind zumeist Portugiesen, die, obwohl sie das Land nach der Unabhängigkeit nicht verlassen haben, gegenüber den Mosambikanern immer noch voller Ressentiments sind und sich an die Zeit erinnern, da es kein Schwarzer je gewagt hätte, diese Straße entlangzulaufen.

Andere sind ausländische Mitarbeiter von Hilfsorganisationen aller Art – sie stammen aus Europa und Amerika. Man sieht sie kaum auf der Straße, da sie immer in ihre glänzenden Autos ein- und aussteigen und am Wochenende nach Südafrika oder Swaziland oder sonst wohin fliegen, um sich zusammen mit ausländischen Kollegen in den städtischen Touristenzentren und Nachtklubs dem Alkohol hinzugeben. Es sind Typen, die die »diebischen Instinkte« der Mosambikaner fürchten. Deshalb leben sie hinter Wänden aus Metallgittern und lassen sich von Angst einflößenden Hunden und Wachpersonal, das Tag und Nacht im Einsatz ist, beschützen.

Andere sind Schwarze, ganze Familien kommen aus den Vororten. Sie kamen direkt nach der Verstaatlichung von Wohnblocks, und ihre Köpfe waren voller Träume und Hoffnungen, als ob die Tatsache, dass sie diese Wohnungen in

Besitz nehmen konnten, sie automatisch dazu berechtigte, ein ähnlich bequemes Leben zu führen wie die Vorbesitzer. In Wirklichkeit erwartete sie jedoch großes Elend, und heute leben sie in Armut. Sie stellen ihre eigenen, von Generation zu Generation tradierten, tief verwurzelten Prinzipien in Frage. Sie nehmen all ihre Verwandten auf, die in großer Zahl aus dem Busch kommen. Sie sind vor dem Krieg geflüchtet und tragen nur noch zerrissene Kleidung an ihren geschundenen Körpern, und in ihren Augen spiegelt sich der Horror wider, der sie von ihrem Land vertrieb. Die feindlich gesonnene Stadt, die sie nicht braucht, verweigert sich gegenüber ihren unbeholfenen Anpassungsversuchen.

Schließlich gibt es noch einen anderen Typus, der sich in der Straße niedergelassen hat: Provisionszahler, Menschen aller Rassen, die das Geldverdienen in der Regel nicht schwierig finden und die es mit ein paar Millionen geschafft haben, die rechtmäßigen Mieter zum Ausziehen zu bewegen. Anmietungen unter falschem Namen.

Die Geliebte des Generalmajors war eine solche Provisionszahlerin. Ihr ganzes Leben hatte sie in einer Wohnung in Malhandalene verbracht, doch sobald sie die Geliebte des Generalmajors wurde, klagte sie, dass sie jenen unpassenden Ort nicht länger ertragen konnte, an dem es Probleme mit dem Wasser, dem Abfall, der Sicherheit, den schrecklichen Nachbarn und einfach allem gab. Bis der Generalmajor bei einem seiner Sonntagsbesuche noch vor der Begrüßung triumphierend zu ihr sagte: »Komm und schau dir an, wo du von nun an leben wirst.«

Gegen einige Millionen Provision hatte er die Wohnung, die mitten im Polana-Viertel lag, von einem Beamtenehepaar übernommen, das aufgrund der ständig steigenden Lebenshaltungskosten beschlossen hatte, in den Vorort Mafalala zurückzukehren und illegal den Pachtvertrag auf den Namen der Geliebten des Generalmajors umzuschreiben, die nun ihrerseits schon mehr als zwei Jahre hier lebte.

Von ihrem Balkon aus schaut sie nun auf die lang gestreckte Straße hinunter, die jedoch, wie immer, nichts Neues zu bieten hat. Die immergleichen Kinder spielen auf den Gehwegen, und dieselben Autos gleiten lautlos vorbei; ihre Besitzer sind sich der großen Bewunderung sehr bewusst, die sie für sich selbst auch empfinden. Und sie sieht die immergleichen *Chapas*, die Minibus-Taxis, die sonntags fast leer sind und trotzdem schrecklich knattern.

Und sie sieht auch die Besucher der Patienten des Zentralkrankenhauses ganz am Ende der Straße. Das sind normalerweise Menschen, die nur über bescheidene Geldmittel verfügen und für die solche Besuche Pflicht und Sonntagszeitvertreib zugleich darstellen. Gerade läuft eine Gruppe vorbei, an deren Spitze in geringem Abstand ein Mann geht. In eine abgewetzte alte Jacke gezwängt, glänzt sein Gesicht vor Schweiß, denn der Weg von den Vororten ist weit, und er stolpert müde in seinen abgelaufenen, lehmverschmutzten Schuhen. Kurz hinter ihm schlurfen drei Frauen in Plastiksandalen daher. Zwei von ihnen tragen Kochtöpfe auf dem Kopf, die in zerschlissene Tischdecken eingeschlagen sind; die dritte, ein wenig jüngere Frau sieht erschöpft aus, sie trägt ein Baby auf dem Rücken und ein anderes in ihrem Bauch. Von Zeit zu Zeit sprechen sie miteinander, hören aber bald wieder auf, um sich auf das Gehen zu konzentrieren, wobei sie nach vorne gebeugt sind wie Bäume, die vom Wind zerzaust werden.

Voller Missfallen betrachtet die Geliebte des Generalmajors dies alles. Wenn da nicht der Mann wäre, der auf dem
Balkon gegenüber sitzt, wäre sie schon längst auf ihr wei-
ches Samtsofa zurückgekehrt, um auf ihren Geliebten zu
warten, der bald kommen müsste. Doch etwas Stärkeres
lässt sie verweilen und den stillen, unrühmlichen Kampf
führen, der seit dem ersten Sonntag andauert, als sie sich
nach ihrem einsamen Mittagessen angekleidet, geschminkt
und parfümiert hatte, um dann auf den Balkon hinauszu-
treten.

An jenem ersten Sonntag saß der Mann schon dort auf
dem abgenutzten Ledersessel, lauschte konzentriert auf
das Radio und trank den ganzen Nachmittag lang Bier.
Trotz seiner extrem jungen Gesichtszüge gefiel ihr sein
ernster, trauriger Gesichtsausdruck sofort. Und auch seine
Hände, die knochig und feinnervig waren und mit der
entschlossenen Vorsicht desjenigen, der ein Instrument
stimmte, das Glas Bier hielten.

Der Mann nahm jedoch die Gegenwart der Frau, die ihn
von ihrem Balkon aus beobachtete, sehr bereit und sehr
überzeugt von ihren Verführungskünsten, nicht wahr.
Schon seit zwei Jahren ignorierte er sie jeden Sonntag.

Hätte er wenigstens einmal Interesse gezeigt, hätte die
Geliebte des Generalmajors ihn vielleicht sofort vergessen.
So aber begehrte sie ihn gegen ihren Willen und mit einer
Heftigkeit, die eigentlich ihrer kalten, berechnenden Natur
fremd war, und sie begann sogar hinter ihm her zu spionie-
ren, um herauszufinden, wann er nach Hause kam oder das
Haus verließ, im Laufschritt und ganz ernst, mit seiner
Aktentasche unter dem Arm. Wenn der Generalmajor
dann ihren Körper mit seinen fleischigen Händen be-

rührte, stellte sie sich so oft vor, wie anders die knochigen, feinnervigen Hände des Mannes von gegenüber sich anfühlen würden. Und in dem kurzen Moment, den ein Kuss dauerte, suchte sie so oft in dem verlebten Gesicht ihres Geliebten dieses andere junge Gesicht, das so sehr von Traurigkeit geprägt war.

Die Geliebte des Generalmajors ist die Erste, die die Sinnlosigkeit dieser Sehnsucht nach einem praktisch unbekannten Mann erkennt. Alles, was sie von ihm weiß, ist, dass er an einer Realschule unterrichtet, verheiratet ist und vier Kinder hat und dass seine Wohnung voll gestopft ist mit Verwandten, die vor dem Krieg geflohen sind. Sie hat außerdem herausgefunden, dass er trotz seiner Ausbildung sehr arm ist. Und sie, die ihr Leben lang einen instinktiven Widerwillen gegenüber armen Leuten empfunden hatte, ihre eigene Familie eingeschlossen, warf sie sich nun jeden Sonntag extra für einen mittellosen Lehrer in Schale, der sie noch nicht einmal wahrnahm. Das Ärgerlichste für die gekränkte Frau aber war, dass sie nicht einmal durch die begehrlichen Blicke anderer Männer getröstet werden konnte, da sie nur durch diesen einen in ihrer Weiblichkeit und Schönheit bestätigt werden wollte.

Deshalb starrt ihn die strahlend-schöne Geliebte des Generalmajors jetzt in ihrem meergrünen Kleid weiterhin verbittert an, ihn, der sich auf seinen Drink und das Radio konzentriert. Denselben Ausdruck wird er in nicht allzu ferner Zukunft sehen, wenn er auf der Anklagebank sitzt und sich verwirrt fragt: »Warum hasst mich diese Frau, die ich kaum kenne, so sehr?«

An jenem Tag wird die Geliebte des Generalmajors die einzige Zeugin der Anklage sein. Nicht einmal die Verwandten seiner Frau werden als Zeugen gegen ihn auftreten, da sie, obwohl sie ungebildete Bauern sind, die uralte Weisheit in sich tragen, die sie in die Lage versetzt, zu unterscheiden zwischen einem Kriminellen und einem Mann, den die Verzweiflung antrieb.

Die Geliebte des Generalmajors wird sich jedoch als Zeugin der Anklage anbieten und sogar wagen, gegen ihren Geliebten anzugehen, sobald sie die tragischen Umstände kennt. Sie wird ihre privilegierte Position als Nachbarin des Angeklagten bis zum Letzten ausnutzen. Und in dieser Stunde der Rache wird sie den Lehrer mit einer gewagten und falschen Aussage in Bedrängnis bringen: »Der Angeklagte beging das Verbrechen vorsätzlich. Ich glaube, dass er Frauen nicht mag!«

Diese Aussage wird eine Welle des Gelächters unter den Zuhörern hervorrufen und den Richter die Zeugin darauf hinweisen lassen, dass sie von persönlichen Einschätzungen abzusehen habe. Sie wird den Angeklagten weiterhin triumphierend anstarren, der trotz all der mildernden Umstände zu 15 langen Jahren Haft verurteilt wird.

An diesem öden Sonntagnachmittag beobachtet die Geliebte des Generalmajors immer noch den Lehrer mit demselben boshaften Blick und hört erst auf, als ihr Geliebter aus seinem Volvo steigt. Dann eilt sie in die Wohnung. Er mag es, wenn sie ihn an der Wohnzimmertür erwartet.

Sie begrüßen einander ohne Kuss oder Umarmung. Der Generalmajor, der seit mehr als zwanzig Jahren verheiratet ist, wird nur im Bett zum Liebhaber. Dort schmilzt er unter den Berührungen ungestümer Wildheit dahin. Wenn er nicht im Bett ist, dann bevorzugt er die Rolle eines Freundes und Beschützers, der sich um das Wohlergehen seiner

Freundin sorgt und einfach nur Dankbarkeit und Respekt erwartet.

Der Generalmajor ist ein Mann in den Vierzigern, klein gewachsen und nervös, der sich die Integrität aus seiner Zeit als Guerillakämpfer der Frelimo bewahrt hat. Diese Integrität blieb beachtenswert in den ersten Jahren der Unabhängigkeit, schwächte sich aber allmählich ab, als der »Bürgerkrieg« fortdauerte und er immer weiter befördert wurde.

Doch nicht nur seine Integrität, auch seine Ideen, die ihn während des Befreiungskampfes geleitet hatten und für die er bereit gewesen war, sein Leben zu geben, verwässern immer mehr und machen einem hemmungslosen Verlangen nach einem Leben Platz, das ihm jedes nur erdenkliche Vergnügen bietet.

Deshalb ist es nicht überraschend, dass sein Bauch, voll gestopft mit gutem Essen und Getränken, nun groß und schlaff ist und wie eine groteske Schwangerschaft hervorsteht. Oder dass sein Aussehen eine dumpfe Kälte ausstrahlt.

Wie immer, wenn er gerade angekommen ist, läuft er mit den Händen in den Taschen im Wohnzimmer auf und ab, obwohl man sich darin kaum bewegen kann. Schließlich lässt er sich in einem der samtbezogenen Sessel nieder, neben einem Couchtisch mit Marmorplatte, auf den seine Geliebte die Gläser und die Getränke stellt, die sie dem gut bestückten Schrank entnimmt.

Sie schenkt dem Generalmajor einen doppelten Whisky mit Eis ein und sich selbst einen Campari. Sie hat schon lange aufgehört, ihren Geliebten davon zu überzeugen, dass er selbst die Getränke zubereiten und servieren sollte (so wie es weltweit renommierte Zeitschriften als Aufgabe des Mannes empfehlen). Er verweigert diesen Grundsatz der Etikette, der »nur für Blödmänner« gelte, wie er sagt. Sie sitzen einander gegenüber und trinken in kleinen Schlucken, so wie es sich gehört für Leute, die nach dem Essen den besten Wein konsumieren. Sie sprechen wenig und nur über triviale Dinge, aber sie erfreuen sich an der Gegenwart des jeweils anderen, besonders weil sie sich der Sünde bewusst sind, die dazu gehört.

Die Geliebte des Generalmajors fühlt sich außerdem sehr geschmeichelt, weil er die Sonntagnachmittage und -nächte für sie reserviert, denn nur zu ganz besonderen Gelegenheiten verbringt er diese Zeit mit Frau und Kindern. Obwohl sie ihn nicht liebt, behandelt sie ihn immer mit aufmerksamem Respekt. Ihr gefällt die Aussicht auf das Abendessen in einem Luxusrestaurant, eine Angewohnheit, der sie frönen, seitdem sie ein Liebespaar sind, und auf die Nacht, die sie später mit einem Mann in ihrem Bett verbringen wird.

Während sie jetzt an ihrem Campari nippt und über angenehme Dinge plaudert (nicht über den Krieg oder andere langweilige Themen), ist sie fast in der Lage, sich von ihrer Besessenheit gegenüber dem Mann, der immer noch auf dem Balkon gegenüber sitzt und sie Sonntag für Sonntag ignoriert und beleidigt, zu befreien.

In der Zwischenzeit lauscht der Lehrer, der von der ganzen Enttäuschung und Wut, die er auslöst, nichts ahnt, aufmerksam den Fußballkommentaren, während er sein Bier trinkt, das heute in seinem bitteren Nachgeschmack eine Spur von Reue enthält. Seit dem Morgen lässt ihn das Gefühl von Reue nicht los, als ihn seine Frau mit zwei Halbliterflaschen Bier kommen sah, die er am Kiosk gekauft hatte.

»Vergiss die Bücher und die Kleidung für die Kinder nicht. Der Tag wird kommen, an dem sie schlechte Noten für Disziplin bekommen werden«, sagte sie und blickte absichtlich auf die Bierflaschen.

»Okay, ich kümmere mich morgen darum«, erwiderte der Lehrer und verstaute schnell die Flaschen im leeren Kühlschrank.

Ihn ärgert nicht so sehr die mitschwingende Kritik seiner Frau, sondern die Tatsache, dass er gezwungen ist zu lügen, um sie zu beruhigen. Er weiß sehr genau, dass morgen kein Geld da sein wird, um Schulbücher und Kleidung für die Kinder zu kaufen, und dass er wahrscheinlich kaum in der Lage sein wird, ihnen etwas zu essen zu kaufen. Daher der Geschmack von Reue in dem Bier, dass der Lehrer so langsam trinkt, damit er bis zum Ende des Sportkommentars etwas davon hat. Außerdem ist er sich der Tatsache bewusst, dass er ohne diese wenigen Stunden am Sonntag, in denen er in eine Art Ritual flüchtet, zu dem der Fußball und das Biertrinken gehören, die Monotonie seiner Tage nicht ertragen wird.

Er wacht immer mit dem Gefühl auf, schon zu spät zu sein, zieht sich hastig an und kippt schnell eine Tasse fast bitteren Tee herunter (Zucker ist teuer) und isst eine Scheibe trockenes Brot. Jedes Mal sehnt er sich nach starkem Kaffee, den er so gerne trinkt, doch er kann sich diesen Luxus nicht leisten. Dann rennt er zu der Realschule, in der er unterrichtet. Er geht zu Fuß, da es keine Busse in die Stadt gibt und das Fahrgeld für *Chapas* unerschwinglich für ihn ist. Verschwitzt kommt er in der Schule an und ist sich bewusst, dass seine Energie schon zum größten Teil verbraucht ist, bevor die Arbeit beginnt.

Es hat ihm schon immer Spaß gemacht zu unterrichten, und er gehört zu den wenigen Lehrern an seiner Schule, die sich aus Berufung für diese Laufbahn entschieden haben. Doch all sein anfänglicher Enthusiasmus ist verflogen angesichts von Klassen mit fünfzig Schülern, die in ein Klassenzimmer gepfercht sind, und angesichts der Minimalausstattung für den Unterricht. Die meisten von ihnen sind Jugendliche, die das Lernen und die Lehrer selbst verabscheuen, besonders solche wie ihn, die sich nicht bestechen lassen. Und die sich deshalb in fadenscheiniger Kleidung und abgetretenen und sogar kaputten Schuhen präsentieren und jeden Tag außer Atem und verschwitzt ankommen, weil sie kein eigenes Auto haben oder kein Geld für *Chapas*.

Wenn der Unterricht um 13.00 Uhr endet, rennt der Lehrer nach Hause, wo ihn ein mageres Essen erwartet, das ihm kaum genug Kraft gibt, um die Aufgaben zu korrigieren und dann noch in der Abendschule zu unterrichten. Schließlich kehrt er gegen Mitternacht nach Hause zurück, ausgelaugt und verbittert, und fällt wie ein Betrunkener ins Bett, nur um am nächsten Tag mit dem ewiggleichen Gefühl aufzuwachen, bereits zu spät zu sein. Und die Rennerei beginnt von vorne, vom Morgen bis in die Nacht.

Ach! Kürzlich gab es einige Überraschungen. Es waren die Verwandten, die vor dem Krieg geflohen waren und wussten, dass sie Schutz im Haus des Lehrers finden konnten, denn dieser hatte mit der Muttermilch den Geist der Gastfreundschaft aufgesogen, der ihn dazu brachte, sie aufzunehmen und mit ihnen das Wenige zu teilen, das er besaß.

Der letzte Flüchtling war eine Tante, die, als Witwe ohne Kinder, zusammen mit ihrem Vater, dem Großvater des Lehrers mütterlicherseits, in Manhica gelebt hatte, einer Region, die besonders stark vom Krieg betroffen war. Der alte Mann muss über achtzig Jahre alt gewesen sein und hatte sich stets geweigert, seine Hütte und den Ort, wo seine Toten begraben waren, zu verlassen. Tatsächlich kann man sagen, dass ihn die Toten vor der anderen Welt beschützt haben, denn er war bei den wiederkehrenden Angriffen der Renamo immer verschont geblieben. Was einiges Misstrauen in der Bevölkerung hervorgerufen hatte, die glaubte, er würde sich mit den *Matchangas*, den Aufständischen unter André Matchangaissa, dem Gründer der Renamo, zu gut verstehen.

Eines Tages saß er jedoch gerade vor der Tür seiner Hütte und hatte die Beine in der warmen Sonne ausgestreckt, als plötzlich eine Gruppe *Matchangas* auftauchte, die mit Gewehren und Macheten bewaffnet war. Einer von ihnen, wahrscheinlich der Anführer, befahl: »Alter, gib uns was zu essen!«

Der Großvater, der gedöst hatte, wachte auf und war noch ganz benommen von seinen Träumen; er sah die Männer und lachte sie mit seinem zahnlosen Mund an.

»Alter, gib uns was zu essen!«, verlangte der Mann, der der Anführer zu sein schien, noch einmal.

Großvaters trübe Augen konnten die Neuankömmlinge kaum erkennen, geschweige denn ihre finsteren Blicke, Gewehre und Macheten. Und seine Ohren erfassten auch nicht den barschen, dringlichen Klang ihrer Worte. Deshalb blieb er einfach sitzen und lächelte auch dann noch, als der Mann, der dauernd redete, ärgerlich knurrte:

»Dieser Alte macht mich krank!« Dann nahm er eine viel benutzte Machete und hackte dem alten Mann den Kopf ab. Der Kopf mit den glasigen Augen und dem weit geöffneten Mund fiel wie eine Trophäe direkt neben den Körper, der noch immer an der Hütte lehnte und inzwischen blutgetränkt war.

Die Tante des Lehrers beobachtete das alles durch eine Ritze des kleinen Holzfensters in ihrem kleinen Zimmer. Sie sah das alles und zitterte vor Angst und Empörung, ohne in der Lage zu sein, ihrem alten Vater zu helfen oder einfach um Hilfe zu rufen.

Die *Matchangas* betraten schließlich die Hütte, und sie hatte gerade noch genug Zeit, um über den Hof in den Busch zu fliehen, wo sie sich verborgen hielt, bis sie fort waren. Als sie zur Hütte zurückkehrte, war diese völlig ausgeplündert. Wie ein trauriger Wachmann saß ihr alter Vater noch da, sein blutiger Körper war steif geworden, und sein Kopf lag neben ihm, mit offenem Mund und einem ewigen Lächeln.

Unter Wehklagen begrub die Tante den alten Mann mit ihren eigenen Händen unter einem Cashewnussbaum, wo die Toten der Familie lagen. Nach dieser einsamen Zeremonie wartete sie keinen Augenblick länger und wanderte ohne Aufenthalt, Tag und Nacht, angetrieben von Trauer und Angst, so lange, bis sie Maputo erreichte, wo sie nach unzähligen Hindernissen und tiefer Verzweiflung endlich ihren Neffen fand. Natürlich hieß der sie willkommen, obwohl seine Wohnung bereits voller Verwandter war, aus seiner Familie und der Familie seiner Frau. Seine Tante war ein weiterer Esser und ein weiterer Körper, der ein Dach über dem Kopf benötigte.

So glich das Dasein des Lehrers nicht so sehr einem Leben als vielmehr einem ständigen Kampf, um seine Familie zu erhalten, während er versuchte, die notwendige Würde zu bewahren. Deshalb bedeuteten die Fußballkommentare und das Biertrinken am Sonntagnachmittag für ihn seine einzige Zuflucht.

Es gab einmal eine Zeit, als einige Kollegen Bier mitgebracht und mit ihm zusammen die Fußballsendungen gehört hatten. Doch das Bier wurde immer teurer, und so beschloss ein Kollege nach dem anderen, sich lieber im Haus eines heimlichen *Tontono*-Händlers zu treffen, wo sie sich für weniger Geld mit illegal gebranntem Schnaps vergnügen konnten. Unglücklicherweise vertrug der Lehrer nicht einmal den Geruch von *Tontono* und blieb deshalb am Ende allein mit seinem Bier, gerade mal zwei Halbliterflaschen davon.

Seine Frau hatte immer Verständnis dafür gehabt, dass er Sonntag nachmittags eine Auszeit benötigte. Als aber die Einschränkungen immer akuter wurden, schwand auch ihr Verständnis. Und an jenem Morgen hatte sie ihn zum ersten Mal kritisiert, indem sie auf die Bierflaschen geschaut hatte, die er hastig im Kühlschrank verstaute. Und nun, da die Familie nicht da war, weil sie sich verpflichtet fühlte, am Sonntagnachmittag spazieren zu gehen, ergriff sie zum ersten Mal die Gelegenheit, in sein Heiligtum einzudringen, und baute sich vor ihm auf. Sie verlangte nicht nur Schulbücher und Kleidung für die Kinder, sondern auch Kleidung für sich selbst, was verständlich war, da sie nur zwei zerschlissene Kleider besaß.

»Aber bitte nicht hier und nicht jetzt«, beschwört er sie und bleibt dabei still, weil er durch die Forderungen seiner

Frau hindurch den Sportbericht hören will. »Ein langer Pass von Chiquinho...«

»Die Schuhe sind total verschlissen...«

»Ein Schuss von der Spielfeldgrenze durch...«

»Eines Tages werden sie völlig hinüber sein, weil sie kein Material haben...«

»Tor, Tor, Tor durch...«

»Ich schäme mich wirklich, so auf die Straße gehen zu müssen...«

»Nach vorne, gib den Ball ab und mach das Tor...«

Er kann den Sportbericht nicht länger hören, weil seine Frau, am Ende ihrer Geduld, sich in einen Zustand der Raserei gesteigert hat und laut schreit, wobei die Stimme des Kommentators völlig untergeht.

Langsam, ganz langsam, wie jemand, der sich in einer anderen Dimension bewegt, erhebt sich der Lehrer von seinem Sessel und geht auf seine Frau zu, die ihn perplex anschaut. Er legt ihr beide Hände um den Hals und drückt und drückt zu, bis sie aufhört, sich zu wehren, weggleitet und schließlich leblos auf den Boden fällt.

Ihr Ehemann lässt sie dort, kehrt zu seinem Ledersessel zurück, hört sich den Sportbericht zu Ende an und trinkt das Bier bis zum letzten Tropfen aus. Erst dann scheint er seine Frau wahrzunehmen, die auf dem Boden liegt, und als er sich ihr nähert, sieht er, wie sich sein eigener erstaunter Blick in ihrem ungläubigen, leidenden Todesausdruck spiegelt. Langsam bewegt er sich, hebt sie auf und trägt sie auf seinen Armen ins Schlafzimmer, wo er sie mit unendlicher Vorsicht auf das wacklige Doppelbett legt.

Ein wenig später wendet er sich auf der Polizeistation an einen Beamten und gesteht murmelnd: »Ich bin gekommen, um mich zu stellen. Ich habe meine Frau getötet.«

»Sie haben Ihre Frau getötet?«, fragt ihn der Polizist verblüfft, der in diesem friedlich aussehenden Mann keinen Mörder erkennen kann.

»Ja, ich habe sie getötet«, murmelt der Lehrer noch einmal.

»Warum? Aus welchem Grund haben sie das getan?«, fragt der Polizist eindringlich und in einem Ton, der eher ungläubig als professionell klingt.

»Ich weiß es nicht. Ich habe sie eben getötet.«

»Sie wissen es nicht? Sie haben gerade Ihre Frau getötet und Sie ... «

»Ich weiß es nicht. Ich kann nicht mehr weiterleben«, antwortet der Lehrer.

Sindiwe Magona
Empörung

Hawu! Wie? Hawu! Wie! Hawu! How!
Hawu! How! Hawu! Wie? Hawu! How?...

»Lasst uns beten!« Vater Mngomenis Stimme dröhnte in die unheimliche Stille der voll gepfropften Kirche.

Die Worte drangen durch den dicken Nebel in Nanas Kopf. Aber das half nicht, die zusammengeballten Würmer in ihrer Magengrube zu beschwichtigen. Sie wanden sich unablässig und wühlten ihre Gedärme auf. Sie atmete in langen, langsamen, angestrengten Zügen. Ihre feuchten Hände lagen lose auf ihren Knien: die eine flach, mit der Handfläche nach unten, die andere leicht zur Faust geballt. Ihre großen Augen starrten, traten hervor. Glasig und leer. Dicker, warmer, zähfließender Speichel rann aus ihren Mundwinkeln, bildete eine Pfütze unter der Zunge, sickerte durch und umschloss die Zunge allmählich, bis sie Stück für Stück bedeckt war. Stück für Stück. Bis ihr ganzer Mund vollkommen gestaut war. Und ihre Zunge ertrunken.

Sie wusste, sie würde würgen, wenn sie die rizinusölähnliche Flüssigkeit herunterschluckte. Stattdessen führte sie die zur Faust geballte Hand an den Mund, es sah aus wie eine Geste des Erstaunens. Sie spuckte die Masse in ein feuchtes benutztes Taschentuch, das von der Handfläche sicher umschlossen war. Lethargisch betupfte die Hand die Mundwinkel, bevor sie zurück zu ihrem Ruheplatz ging. Wenn ihr das überhaupt Erleichterung verschafft hatte, so war diese jedenfalls von kurzer Dauer. Ihre Schultern hoben und senkten sich. Sie bewegte sich langsam. Unbewusst. Langes, langsames, flaches Einatmen. Ringen mit der sich hebenden Masse, der Rebellion in ihrem Magen. Runter damit! Schmerzen flackerten auf. Bleib unten! Die Hand fuhr über den Bauch nach unten. Bitte, o Herr, mach, dass mir nicht schlecht wird. Bitte, nicht hier. Nicht jetzt.

Hawu! How? Hawu! How? Hawu! How?...

Unglaube und Verwirrung vermengten sich in ihrem Kopf. Das Getöse wollte nicht weichen. Wollte nicht weggehen. Sie konnte immer noch nicht glauben, was sie ... was sie alle .... hierher geführt hatte. An diesem Tag. Es war unwirklich.

Aus der Ferne war eine Orgel zu hören. Es wurde auch gesungen.

Njengebhadi Libhadula,
Ukufun' umthombo*

Fast wie ein Reflex. Oder wie im Traum. Sie stand auf und setzte sich wieder. Ihre weit offenen Augen sahen nichts. Sie war irgendwie von ihrer Gruppe getrennt worden und fand sich eingezwängt zwischen einer alten Frau mit einer dünnen Altstimme auf der einen Seite und einer, die etwa so alt war wie sie selbst. Die blau geäderten Hände der Altstimme hielten ihr ein Gesangbuch unter die Nase. Nana reagierte nicht darauf. Es hatte keinen Zweck. Sie hatte

---

* Wenn das Herz wandert auf der Suche nach einem Strom.

ihre Stimme verloren. Konnte nicht singen. Konnte nicht singen. Nicht hier. Nicht heute. Konnte es nicht glauben. Obwohl sie natürlich, ganz tief in einem entfernten Winkel ihres Kopfes wusste, dass alles real war. Furchtbar real. Nur allzu wahr.

Wer hatte sie gestern Abend vom Flughafen abgeholt?

Herman Mba. Wer war mit ihm im Auto gewesen? Sidney Siko. Lindiwe Mgcina. Sipho Kente. Alles ehemalige Klassenkameraden. Mehr als das. Sie waren bekannt gewesen als die *Significant Six*, die »Bedeutenden Sechs«. Die Besten ihrer Klasse. Top Six. Damals.

Vor sich hinmurmelnd trat der Priester nach vorne auf die Kanzel und sprenkelte etwas über die ganze rechteckige Kiste. Lang. Glatt. Stumm. Der Vorgang zog Nanas Augenmerk auf sich, zwang sie zur Konzentration und dazu, seinen Bewegungen zu folgen. Hinsehen. Zeugin sein. Ein Schauder lief ihr den Rücken runter. Jetzt sind es nur noch fünf, dachte sie und sandte einen anklagenden Blick in Richtung Sarg. Ach, Wayidyuduza! Heißer Schmerz zog sich durch ihre Magengrube, als hätte sie selbst ein Messer in die Hand genommen, auf einer Seite reingestoßen und es durchgezogen, von links nach rechts. Langsam. Tief. So greifbar war der Schmerz. Sie rang nach Luft.

»Alles in Ordnung?«, fragte ihre andere Nachbarin, die jüngere der beiden Frauen.

Mit gesenktem Kopf nickte Nana. Ihre Augen brannten.

»Warum setzen Sie sich nicht?«

Wischsch! Mit einem Rauschen und Rascheln ließ sie sich auf die Bank fallen. Sie spürte, wie ihre Beine unter ihr zitterten. Kleine Zuckungen von den Fesseln über die Wade bis zum Knie. Sie starrte geradeaus und streckte ihre Beine vor sich aus, so lang, wie es die Stuhlreihe erlaubte. Sie riss die Augen weit auf. Sie würde nicht weinen. Nein, sie würde nicht weinen.

»Haben Sie sie gekannt? Sind Sie mit ihr verwandt?« Die junge Frau beugte sich herunter, um ihr ihre Anteilnahme zuzuflüstern.

Wieder ging Nanas Kopf hoch und runter. Einmal. Die Bewegung war kaum wahrnehmbar.

Wie alt waren sie gewesen? Zehn? Elf? In dem Jahr, als Vuyokazi Rhadebe an ihre Schule kam, an die Entseni-Grundschule. Ihre Familie war von irgendwo aus dem Orange-Freistaat nach Kapstadt gekommen. Es war zudem eine ungewöhnliche Zeit im Schuljahr gewesen, erinnerte sie sich. Nicht im Januar oder Juli, wenn normalerweise neue Schüler kamen. Als einzigen Neuling hätten sie Vuyokazi eigentlich ständig ärgern müssen. Aber sie hatte so gut wie gar keines dieser Aufnahmerituale zu bestehen gehabt. Ihre unverhohlene Abneigung gegenüber Leid und ihr bilderbuchartig gutes Aussehen verschafften ihr rasch den Beistand der älteren Schüler und bewahrten sie so vor Hänseleien. Ihre offene lebhafte Art, gepaart mit einem Hauch von Tragik, der sie umgab, sorgte dafür, dass keiner der anderen Schüler etwas gegen sie hatte. Jedenfalls nie für lange. Das war auch gut so, denn sie war oft in Reibereien verwickelt. Immer zu Dummheiten aufgelegt. Eine Ulknudel. Aber wenn sie zur Rede gestellt wurde, brauchte sie nur diesen Armes-einsames-verlassenes-kleines-Mädchen-Blick aufzusetzen, mit leicht gewölbten Augenbrauen die Nase hochzuziehen und sich dabei heftig am Hinterkopf zu kratzen. Bei diesem Anblick wurde jeder sofort daran erinnert, dass sie erst vor kurzem einen Bruder und eine Schwester bei einem Feuer verloren hatte und jetzt ein Einzelkind war.

Sie war groß und nicht gerade dünn und sah ziemlich athletisch aus. Mit großer Begeisterung und hochfliegenden Plänen testeten die Lehrer den Neuankömmling. Eine Sportart nach der anderen: Netzball, Softball, Dreibeinwettlauf, Hochsprung, Weitsprung, Hundertmeterlauf und andere Laufdisziplinen. Hoffnungslos, einfach hoffnungslos. Ein *Klutz*, ein Trampel. Charmant. Temperamentvoll. Aber sie fing nie einen Ball und konnte keinen dorthin werfen, wo er hin sollte. Sie konnte nicht um ihr Leben rennen. Selbst wenn man Vuyokazi den größten Vorsprung beim Staffellauf ließ, verschenkte sie entweder den Vorsprung oder sie ließ das Staffelholz fallen oder schaffte es auf andere Weise, das Rennen zu verlieren.

»Ach, *Wayidyudzua!* Sieh nur, was du angerichtet hast«, rief Mrs. Mabuya, die Sportlehrerin der Mädchen, eines Tages erschöpft aus. Und dieser Name blieb. Die restlichen drei Jahre, die sie noch in Entseni verbrachte, wurde sie von allen, auch von den Lehrern, *Wayidyuduza* genannt. Na und, sie nannte sich sogar selbst so.

Nach der Grundschule verteilten sich alle auf verschiedene höhere Schulen. Einige gingen sogar aufs Internat in der Ciskei oder der Transkei; Wayidyuduza besuchte eines in der Transkei. War es Bensonvale? Ja, Bensonvale in Herschel.

Nanas Grübeleien wurden jäh unterbrochen. Die Trauergäste gingen jetzt, dieser Teil des Gottesdienstes war vorbei. Sie reihte sich ein bei den Leuten, die die Kirche langsamen Schrittes verließen. Draußen standen sechs Doppeldeckerbusse und warteten. Auf der Straßenseite gegenüber winkte sie jemand zu sich. Es war Herman. Man hatte sie gefunden!

Auf dem Weg zu ihm ging sie in dem Moment am Leichenwagen vorbei, als die nächsten Angehörigen gerade einstiegen. Sie wandte ihren Blick ab. Sie hatte es nicht eilig, Vuyokazis Mutter in die Augen zu sehen. Das Leid, das sie darin erblickt hatte, als sie sie letzte Nacht geweckt hatten, reichte ihr für den Rest ihres Lebens. Herman hatte sie mitgenommen zu Mrs. Rhadebe, die anderen vier waren schon da gewesen. Nana erinnerte sich an den Schmerz der Mutter und mied jeden Blickkontakt. Aber es reichte, die Mutter aus den Augenwinkeln anzusehen, um den Schrecken wieder zu entfachen. Sie konnte nicht fortlaufen. Jede Menge Fragen gingen ihr durch den Kopf, verdrängten alles andere. Wie wird eine Familie mit einem solchen Schmerz fertig? Ihr Vater? Lebte er noch? Wie kann so etwas passieren? Wie? Warum? Und die Kinder? Ihre Kinder? Gab es welche? Hatte Vuyokazi überhaupt Kinder? Das musste sie herausfinden, erfragen. Jemand musste wissen, wie Wayidyuduza zuletzt gelebt hatte ...

Sie hatten sich jahrelang nicht gesehen. Sie hatte einen Mann aus Port Elizabeth geheiratet, den sie während ihrer Ausbildung zur Krankenschwester am Livingstone Hospital kennen gelernt hatte. Nach Kapstadt kam sie immer nur kurz, um ihre Mutter zu besuchen. Sie hatte zu keinem ihrer Schulfreunde noch Kontakt gehabt. Und dann war Lindiwe letztes Jahr zu einer Schriftstellerkonferenz nach Port Elizabeth gekommen, hatte sie aufgesucht, und seitdem waren sie in Verbindung geblieben. So hatte sie von dieser Tragödie erfahren ... noch bevor sie sich herumsprach. Gerade noch rechtzeitig, um zur Beerdigung zu kommen.

Das schrille unablässige Klingeln des Telefons hatte sie aus dem Tiefschlaf gerissen. Mit geschlossenen Augen hatte sie den Hörer ergriffen, als wolle sie ihn würgen oder die Person am anderen Ende. Wahrscheinlich irgendein Dummkopf, der wegen einer Mitfahrgelegenheit zum Krankenhaus anrief. Eigentlich darf ich mich nicht beschweren, sagte sich Nana. Mein lieber Ehemann ermahnt mich schließlich täglich: »Sie würden dich nicht fragen, wenn sie nicht wüssten, dass sie es auch bekommen.«

»Hallo?« Sie achtete darauf, dass sie ihre Stimme zu einer Frage erhob.

»Hallo? Hallo, bist du's Nana?«

»Ja?«

Sie erkannte die Stimme nicht. Aber dass sie von ihr »Nana« genannt wurde, deutete darauf hin, dass es jemand von früher war. Die Leute in Port Elizabeth nannten sie Mrs. Mdakana oder einfach MaMdakana.

Die Anruferin gab sich zu erkennen, und sie begrüßten sich.

»Ntombi! Kleines Mädchen!«, sagte Lindiwe. »Hier ist etwas Schreckliches passiert.«

»Was denn?«

»Erinnerst du dich an Wayidyuduza? Wir sind zusammen zur Schu...«

»Natürlich erinnere ich mich an sie.« Sie befürchtete das Schlimmste und drängte: »Du willst doch nicht sagen, dass sie tot ist?«

Über Vuyokazi hatten Lindiwe und sie nämlich gesprochen. Sie hatte sich vorgenommen, dass sie sie das nächste

152

Mal, wenn sie in Kapstadt wäre, besuchen wollte. Sie konnte doch nicht tot sein. Viel zu jung. In ihrem Alter. Menschen ihres Alters starben nicht ... noch nicht. Ihre Mutter lebte ja noch.

»Wenn es nur das wäre«, sagte Lindiwe seufzend, »dann wäre es nicht so schlimm.«

In Nanas Kopf drehte sich alles. Was konnte schlimmer sein als der Tod? Als Sterben. Aber die Stimme der anderen unterbrach ihre Gedanken.

»Du wirst es wahrscheinlich in den Nachrichten hören. Ganz bestimmt. Aber ich dachte, ich sage dir Bescheid ... weil sie und ... weil wir ... erinnerst du dich? Wie wir alle zu den ...« Ihre Stimme erstarb.

»... den ›Bedeutenden Sechs‹ gehörten?« Nana beendete den Satz für sie und fragte dann: »Aber Lindiwe, was ist denn mit ihr passiert?«

Sie dachte: Es kann doch nichts Politisches sein. Gott sei Dank waren diese grässlichen Zeiten vorbei. Keine Festnahmen mehr wegen Passierscheinen, keine Verhaftung mehr wegen des Verdachts, ein Terrorist zu sein. Jetzt waren ja fast alle »Terroristen« in der Regierung. Nicht mehr bei lebendigem Leib gebraten zu werden, weil man verdächtigt wurde, ein Spitzel zu sein. Also, was war es dann? Was war Furchtbares passiert?

Im nächsten Moment keuchte sie: »O Gott! Lieber Gott, nein!« Der Hörer fiel ihr aus der Hand. Ihre Hand war leblos geworden, eiskalt, vor Schreck darüber, was sie mit eigenen Ohren gerade gehört hatte. Taub. Alles war taub. Zum Eisblock erstarrt.

Das Scheppern weckte ihren Mann, der neben ihr lag. Sandile sah das Telefon am Fußboden, griff danach und schrie in den Hörer: »Hallo? Hallo?«

Nana bekam den Rest des Gesprächs nicht mehr mit. Sie war zu Boden gesunken. Mit tellergroßen Augen starrte sie vor sich hin und gab keinen Laut mehr von sich.

Und die Augen, diese Augen, sie waren trocken wie ein altes Wüstengrab.

*

Der Leichenwagen fuhr voraus. Dicht gefolgt von den Bussen. Dahinter eine lange Autoschlange. Dass sie mit in der Gruppe fuhr, fand Nana tröstlich, es durchbrach den Schleier aus Trauer, Unglaube, Bestürzung und Empörung.

»Barbarisch!«, schleuderte Sidney in das ohrenbetäubende Schweigen im Auto und eröffnete damit eine erhitzte Diskussion.

»Das ist eine Tat von Feiglingen«, zischte Herman. »Dummen Feiglingen.«

»Sie sind ignorant, nicht dumm«, sagte Sipho und fügte hinzu, die Mörder hätten selbst so viel Angst, eben weil sie so furchtsam und ignorant seien.

»Sie waren beides!«, fauchte Lindiwe. »Ignorant, dumm und feig.« Korrekte Grammatik spielte jetzt keine Rolle, und mit erhobener Stimme fuhr sie fort: »Schande über ihre Nachbarn gebracht, ja, Schande, wahrhaftig. Was haben sie davon, dass sie sie umgebracht haben? Die Nachbarschaft von der Schande befreit? Ist es das, worum es ihnen ging?«, höhnte sie. »Was ist das für eine Nachbarschaft ... in der eine Frau getötet wird, abgeschlachtet ... von einem aufgebrachten Mob ... einzig und allein wegen der Sünde, die Wahrheit zu sagen?«

»Was ist nur mit uns geschehen? Wo ist unsere Menschlichkeit geblieben?«, fragte Sipho.

»*Ubuntu?** Ha«, schnaubte Lindiwe. »Merkst du nicht, wie oft uns heutzutage dieses Wort über die Lippen geht? Ich will dir mal was sagen. Sobald die Leute irgendetwas fortwährend in den Mund nehmen, ist es höchstwahrscheinlich schon nicht mehr da . . . oder es ist im Begriff zu verschwinden. Es ist die Unsicherheit, die Angst vor seinem Verschwinden, die uns dazu bringt, den Begriff zu benutzen, darüber zu reden, dieses Wort bedrohlich zu schwingen. Selbstverständliches braucht man nicht zu predigen.«

Auf dem Friedhof dauerte der Gottesdienst nicht lange, der größte Teil der Trauerfeier hatte bereits in der Kirche stattgefunden. Das Grab wurde gesegnet. Ein Gebet wurde gesprochen. Der Sarg wurde hinuntergelassen. Als die Trauergäste nacheinander an dem offenen Grab vorbeigingen, sah Nana ein paar Gesichter, die aussahen, als gehörten sie Leuten, die sie einmal gekannt hatte. Natürlich war sie sich nicht sicher.

Wie seltsam, dachte sie, in seiner Abschlussrede bezog sich Pater Mngomeni auf die gleiche Idee, über die sie auf dem Weg zum Friedhof diskutiert hatten: *Ubuntu.*

»Wie der Glaube«, mit fester, starker, fürsorglicher Stimme hatte der Reverend gesprochen, »ist *Ubuntu* nichts, was wir mit Worten ausüben.« Er machte eine Pause, ließ den Blick schweifen über die schweigende trauernde Menge.

Dann fuhr er fort: »Genau wie das Handeln eines jeden Einzelnen uns zeigt, ob er oder sie ein Mensch des Glau-

---

* Ein Zulu-Word, dessen Bedeutung schwer mit abstrakten Begriffen zu beschreiben ist; es umfasst generell eine Sozialphilosophie, die die Werte von Persönlichkeit, Menschlichkeit, Moral, Ehrlichkeit und Sorge um das allgemeine Wohl beinhaltet.

bens ist«, hier machte er wieder eine Pause, »so ist es auch das Handeln, das uns zeigt, wenn wir auf Menschen treffen, die *Ubuntu* haben.«

Seufzen und heftiges Zungenschnalzen unterstrichen die Worte des Priesters.

»Ich will nicht richten. Ich will auch nicht verurteilen. Aber erlaubt mir, euch mit diesen Worten zu verabschieden ... mit folgenden Gedanken.« Mit nach oben gerichteten Händen, Handflächen nach innen gewandt, die Finger nach oben gestreckt in einer Geste des Gebets, sagte er: »Die Tat, die uns an diesem Ort zusammengeführt hat ... die uns hier versammeln ließ ... an diesem Tag ... ist die Tat von Menschen, die ihres *Ubuntu*, ihrer Menschlichkeit, beraubt wurden.« Dabei stieß er seine betenden Hände in die Luft, um seine Worte zu unterstreichen. »Die Schwachen und Verletzlichen unter uns sollten von uns nicht belästigt, gejagt und verfolgt werden. Sie sind keine Beute.«

Ein dünner verzweifelter Aufschrei unterbrach ihn, für einen kurzen Moment. Er war, soweit Nana das sagen konnte, von irgendwo am Kopfende des Grabes gekommen. Sie vermutete, dass es Vuyokazis Mutter gewesen war. Das musste sie gewesen sein. Im Auto hatte Nana erfahren, dass beide Elternteile noch lebten. Außerdem hatte Vuyokazi einen Mann und drei Kinder. Zwei Jungen und ein kleines Mädchen, acht Jahre alt. Die Jungen waren schon im Teenageralter. Eine Gruppe von Frauen kam der Wehklagenden zu Hilfe und führte sie, von zwei Seiten gestützt, fort.

Der Priester fuhr mit wiedergewonnener Ruhe fort, mit lauter Stimme, und die Wörter kamen immer schneller, fielen aus seinem Mund, eines jagte das andere: »Aber, so frage ich euch«, rief er, »wer ist der Mob, der diese junge

Frau tötete? Sind es Fremde? Menschen, die wir nicht kennen? Außerirdische aus dem Weltraum? Dies, meine Christenfreunde, ist, was uns Angst macht angesichts dieses Trauerfalls. Wer unsere Schwester hier getötet hat, ist jemandes Kind. Jemandes Freund. Jemandes Bruder oder Schwester. Jemandes Ehemann oder Ehefrau. Jemandes Nachbar. Kurz, es sind Leute, die wir kennen. Leute, die wir lieben. Leute von uns.«

Eine lange Pause folgte, in der der Priester seine Augen schloss. Als er sie öffnete, schossen Blitze aus diesen Augen, die von dicken, schwarzen Brauen beschirmt waren. Als er wieder zu sprechen anfing, war seine Stimme nur noch ein lautes Flüstern. Heiser. Rau.

»Und warum haben sie sie getötet?«, fragte er. »Warum?« Jetzt ließ er den Blick schweifen, blickte jedem einzelnen Anwesenden in die Augen. Dann richtete er seinen glühenden Blick wieder auf den Hügel des noch immer nassen Sandes unter ihnen, da unten, ganz tief unter allem, in dem Loch, an dem die Leute gerade vorbeidefiliert waren, in das sie gerade ein paar Hand voll Sand geworfen hatten, und beantwortete selbst seine Frage: »Sie haben sie getötet, weil sie den Mut hatte, die Wahrheit zu sagen. Sie starb, weil sie die Wahrheit gesagt hat. Aber ich sage euch«, rief er, »Vuyokazi starb nicht in Schande!« Und dann, und dabei nickte er heftig, um die Bedeutung seiner Worte zu unterstreichen, fuhr er fort und seine Stimme wurde mit der Zeit immer lauter. »Sie starb frei! Weil sie in Wahrheit starb. Für die Wahrheit. Sie ist frei. Wir sind die Verdammten. Sie starb ohne Schande. Die Schande ist unsere.« Danach schwieg er lange.

»Wo ist unsere Wut?«, schimpfte Pater Mngomeni jetzt. »Wo ist unsere Empörung?«, grollte er, dann war er wieder still. Den rechten Arm hoch erhoben, schwieg er. Langsam, er nahm sich Zeit, ließ er erneut seine Blicke schweifen von der einen Seite dieser großen Versammlung über die vielen hundert Köpfe hinweg zu den anderen. Langsam von links nach rechts und dann wieder zurück. Und dann das Gleiche zur anderen Seite. Schließlich hob er den rechten Arm noch höher. Dann blickte er weit über die aufgerichteten Köpfe vor ihm und schlug ein Kreuz.

*

»Eine glänzende Predigt, die der Priester da gehalten hat«, sagte Sipho und ließ sich auf Lindiwes Sofa fallen. Die Gruppe hatte sich wieder bei ihr eingefunden, nachdem sie sich in Vuyokazis Haus nach dem Begräbnis die Hände gewaschen und Tee getrunken hatten. Nana wohnte bei Lindiwe bis zu ihrer Rückfahrt nach Port Elizabeth, Montag früh wollte sie den ersten Flug nehmen.

»Dass es unserem Volk an Redegewandtheit fehlt, kann man ihm wahrhaftig nicht vorwerfen«, rief Lindiwe durch die offene Tür ihres Schlafzimmers. »Die Frage ist: Was tun? Geredet worden ist genug«, sagte sie und kam auf Strümpfen heraus, nachdem sie ihre Schuhe von sich geschleudert hatte. »Viel zu viel . . . kann ich euch irgendetwas anbieten?«, fragte sie und ging in die Küche, gefolgt von Nana, die sich auch etwas Bequemeres angezogen hatte.

Als die beiden Frauen mit einem schwer beladenen Tablett zurückkamen, sagte Violet, Sydneys Frau, gerade: ». . . das ist der Fehler Nummer eins.«

»Haben wir da was nicht mitgekriegt?«, unterbrach Nana.

»Ich sagte gerade, wir müssen uns mehr beteiligen. Persönliche Verantwortung übernehmen und die Dinge nicht anderen überlassen.«

»Was ich mich allerdings frage, ist«, sagte Lindiwe, »was kann man tun?«

»Siehst du, da hast du es«, antwortete Violet. »Es geht nicht darum, was man tun kann, sondern was ich tun kann. Jeder Einzelne von uns, wir alle müssen uns entscheiden, uns darauf einlassen, aufzustehen und mitzumachen.«

»Was kann eine einzelne Person schon tun angesichts dieser überall herrschenden Gewalt?«, fragte Herman.

Inzwischen saßen alle in dem geräumigen Zimmer in einer Runde und füllten gelegentlich ihre Teller oder Gläser von den Platten und Flaschen auf dem Tisch.

»Ich glaube nicht, dass es das ist, was Violet meint«, sagte Sidney.

»Nein!«, verteidigte Violet ihren Standpunkt eifrig. »Ich rede über persönliches Engagement. Das setzt voraus, dass wir uns selbst zu Agenten einer Veränderung machen. Jeder Einzelne muss die Verantwortung dafür übernehmen, sichtbar zu demonstrieren, durch seine Handlungen, seine Wertvorstellungen und Ideale, die angesichts unserer gegenwärtigen Situation gefordert sind. Anstatt nur daneben zu stehen und zu sympathisieren, sollten wir aktiv mitarbeiten an einer Veränderung... Denn die wird nicht einfach von alleine kommen.«

»Ich habe immer noch die Frage des Priesters im Ohr: ›Wo bleibt eure Empörung?‹«, sagte Herman und schüttelte den Kopf, seine Stimme war kaum mehr als ein Flüstern.

Da es Samstagnachmittag war, diskutierte die Gruppe bis spät in die Nacht. Keiner von ihnen musste am nächsten Tag arbeiten.

»Während wir wie Vogel Strauß den Kopf in den Sand stecken«, sagte Nana und antwortete damit auf eine Bemerkung, »wird es im Jahr 2000 in Südafrika keine einzige Familie mehr geben, in der nicht ein Mitglied entweder HIV-positiv oder bereits an Aids erkrankt ist. Nicht eine, wenn man den Voraussagen der Mediziner Glauben schenkt.«

Obwohl alle Anwesenden angesichts dessen, was Vuyokazi passiert war, furchtbar betroffen waren, reagierten sie ausnahmslos erschüttert auf das, was Nana, die im Gesundheitswesen arbeitete, gesagt hatte.

»Soll das ein Witz sein«, platzte Sipho heraus, der bis jetzt noch nicht sehr viel zur Diskussion beigetragen hatte.

Nana blickte ihn aus todernsten Augen an und sagte: »Sieht so jemand aus, der Witze macht?«

Als sie keine Antwort bekam, fügte sie hinzu: »Wenn du mit deiner kleinen Tochter oder deinem kleinen Sohn spielst, mit deiner Nichte oder deinem Neffen oder deinem Enkelkind, dann sieh dir das kleine Gesicht genau an und frage dich, ist es der oder die hier, den oder die diese schreckliche Krankheit treffen wird? Oder ist es der andere? Oder die hier vielleicht? Schau dir die jungen Menschen an, die du liebst, und denk darüber nach, weil einer von ihnen ... in jeder Familie, eine Person ... MINDESTENS EINE, in einigen Familien vielleicht mehr als eine, ... an Aids sterben wird.«

»Großer Gott!«, rief Sidney aus, stand auf, trat ans Fenster und schaute hinaus.

Die düstere Vorhersage war auf den Punkt gebracht worden, vielleicht mehr als alles, was vorher an diesem Tag gesagt worden war: Aids war eine Epidemie, eine Seuche, eine Krankheit, die nicht nur irgendein anonymes Gesicht betraf – irgendeinen bedauernswerten Jemand, weit weg, unbekannt und unerkennbar –, sondern alle und jeden im ganzen Land. Ohne Ausnahme. Sie betraf jeden Einzelnen hier in diesem Raum. Wenn nicht sie selbst, dann würde jemand, den sie kannten, jemand, den sie liebten, davon getroffen werden. Die Frage war nicht mehr, ob, vielleicht oder möglicherweise, sondern wann? Und wer?

»Es sei denn, wir tun etwas«, sagte Violet und starrte auf die hochgezogenen Schultern ihres Mannes. »Es sei denn, wir tun etwas und gehen in die Offensive. JETZT!«

»Wir haben schon eine Freundin durch Aids und durch die Ignoranz gegenüber Aids verloren«, sagte Sipho und blickte verdrossen drein. »Was für einen Anstoß brauchen wir noch?«

Die nächsten Stunden verbrachten sie mit Planen, Entwerfen, dem Abwägen dieser und jener Option, überlegten sich, wen sie ansprechen wollten, und dachten dabei auch an Ministerien in der Regierung. Sie erstellten Listen, schrieben Liedtexte, wählten Farben aus, erfanden Slogans.

Es wurde beschlossen, dass alle Anwesenden sich entsprechend ihrer Fähigkeiten dem Kampf gegen Aids verpflichten sollten. Ja, sie wollten in Kontakt bleiben, sich gegenseitig über Fortschritte informieren, über Strategien austauschen, über ihre Erfolge und über Hindernisse, die sich ihnen in den Weg stellten. Nur arbeiten mussten sie.

Sie gingen spät in dieser Nacht auseinander und trafen sich am nächsten Tag für ein paar Stunden wieder. Es wurde noch mehr gearbeitet. Noch mehr Pläne wurden geschmiedet. Sie nutzen auch die Zeit, sich gegenseitig über ihr persönliches Leben auf den neuesten Stand zu bringen, und bewunderten, was aus ihnen geworden war, wie sich das Schicksal der »Bedeutenden Sechs« erfüllt hatte. Sie betrauerten ihren soeben erlittenen Verlust, verabschiedeten sich von Nana und versprachen, in Verbindung zu bleiben, jetzt wo das Schicksal sie erneut zusammengeführt hatte.

Sandile erwartete Nana am Flughafen am frühen Montagmorgen. Er zog sie liebevoll an sich, und Arm in Arm gingen sie zum Auto. Er öffnete ihr die Tür, ging zur Fahrertür und stieg ein. Er steckte den Schlüssel ins Zündschloss und wandte sich dann mit zusammengezogenen Augenbrauen ihr zu: »Was ist das für ein rotes Band?«

Nana berührte das Band an ihrer linken Schulter und lächelte. »Das bedeutet, dass ich ein Mitglied der südafrikanischen Aidsbewegung bin.« Mehr sagte sie nicht.

»Na, ich werde wohl noch ein bisschen was erfahren, bis wir zu Hause sind«, scherzte er.

»Hier ist deins«, sagte sie, fischte den roten Satinanstecker aus ihrer Tasche und machte ihn an seiner Brust fest. »Wir haben beschlossen, Vuyokazi auf diese Weise zu gedenken. Indem wir uns öffentlich zum Kampf gegen Aids bekennen. Wir werden hier in Port Elizabeth auch eine Gruppe gründen.«

»Wir?« Sein Lachen strafte die Frage Lügen.

Während er das Auto aus der Parklücke herausfuhr, holte Nana ihre Tasche vom Rücksitz, öffnete sie und zog ein Notizbuch heraus. »Ich möchte dir etwas vorlesen. Wie hört sich das an?« Unter Sandiles gelegentlich gemurmelter Zustimmung fuhr sie fort, aus den Aufzeichnungen, die sie im Flugzeug angefertigt hatte, vorzulesen.

»Gut durchdacht, muss ich schon sagen«, sagte er, als sie fertig war. »Nur, wird es auch funktionieren?« Und noch bevor sie darauf antworten konnte, fügte er hinzu: »Klingt ziemlich ehrgeizig.«

»Mein Schatz«, antwortete Nana und nickte zur Bekräftigung mit dem Kopf. »Genau wie das Lachen ist auch der Enthusiasmus ansteckend. Wir müssen das ganze Land anstecken mit der Idee, dass Aids keineswegs nur nebenan stattfindet. Es ist bereits an unserer Türschwelle, auf der Stufe zu unserem Hauseingang, schaut in unsere Fenster hinein, hebt die Decken hoch von unseren Betten und zeigt uns nackt. Gemeinsames und offensives Handeln ist gefragt. Was wir brauchen, ist der Wille zum Überleben, der Wille, das zu tun, was wir tun müssen, um am Leben zu bleiben.«

»Ich bin dabei.«

»Was glaubst du, warum ich dir dieses Band an die Brust geheftet habe?«, antwortete sie. »Es gibt nur einen Weg, diesen Teufel zu besiegen. Indem wir handeln! Nur so geht's.«

Chiedza Musengezi
Die Austauschlehrerin

Die höheren Schulen barsten vor lauter Schülern: junge
Mütter, die vorzeitig ihre Ausbildung beendet hatten; Menschen, die am Befreiungskampf teilgenommen hatten, und
Schulschwänzer, die von der Schule geflogen waren – sie
alle bekamen eine zweite Chance. Diese Erwachsenen saßen mit stark gekrümmten Rücken tief gebeugt an den kleinen Schreibtischen, die für Zwölfjährige gedacht waren.
Sie alle glaubten, dass Bildung ein besseres Leben bedeutete. Das rechteckige Metallschild am Haupteingang verkündete das Schulmotto: »Wer Bildung ablehnt, lehnt ein
gutes Leben ab.« Es war ziemlich klar, wer im gerade unabhängig gewordenen Simbabwe profitieren würde. Zeitungen, Radios und Eltern verbreiteten dieselbe Nachricht.
Die Lehrer strichen ihren anständigen und erklecklichen
Monatslohn ein, der genauso hoch war wie der ihrer weißen Kollegen. Das hatte es nie zuvor gegeben.

Wir benutzen den Begriff *Expat* für die ausländischen,
»expatriierten« Lehrer. »*Expat teachers, amaexpats.*« Expa-
triierte Lehrer – Austauschlehrer.

In Nkulumane besagte ein ungeschriebenes Gesetz, dass
man im Lehrerzimmer immer auf demselben Stuhl sitzen
sollte. Je länger man an der Schule unterrichtete, desto länger blieb der entsprechende Stuhl unangetastet. Der Platz
war genau festgelegt. Die neuen Lehrer waren dagegen
nicht fest verankert, sondern wechselten von Stuhl zu
Stuhl, bevor sie schließlich ihre festen Sitzplätze einneh-

men konnten. Aus diesem Grunde saß ich an jedem Tag neben der britischen Lehrerin Gill.

Gill war also mein erster enger Kontakt mit dem Westen. Obwohl Britin, war sie warmherzig, bescheiden und sie hatte sanfte Augen, die zeigten, dass man gut mit ihr auskommen konnte. Zunächst grüßten wir uns nur. Bald gingen wir zu freundlicheren Gesten über: Wir boten uns gegenseitig eine Tasse Tee an und reichten einander ein Stück Brot oder eine Zeitung.

Als Gill einmal drei Tage in der Schule fehlte, lernte ich sie näher kennen. Niemand wusste, was los war. Einige *Expats* behaupteten, dass ihnen das Essen in den Cafés auf den Magen schlage. Einige reagierten sehr empfindlich auf Moskitobisse, und wieder anderen färbte ein Nachmittag in der Sonne die Gesichter rot und ließ sie aussehen wie überreife Tomaten. Ihre Körper wollten nach Hause zurückzukehren, doch sie sprachen davon, wie wunderbar sie hier zurechtkämen. Im Geiste waren sie daheim, und ihre körperlichen Beschwerden schienen zwar eine Unannehmlichkeit zu bedeuten, aber kein Problem. Ich dachte, Gill wäre krank, deshalb ging ich auf meinem Weg nach Hause in ihrer Wohnung in der Stadt vorbei.

Gill saß im Bett. Ein dicker Roman, *Die Dornenvögel*, lag aufgeschlagen neben ihr. Sie schaute überrascht, aber erfreut aus, als sie mich sah. Ihr Gesicht leuchtete auf.

»*Sakubona*. Hallo.«

Sie hatte sich bemüht, unsere einheimische Sprache zu lernen, und ich hatte versucht, ihr dabei zu helfen. Aber wir hatten bald aufgegeben. Wir waren beide zu ungeduldig. Wir wollten uns richtig unterhalten, doch unsere Gespräche auf Ndebele kamen über eine Babysprache nicht hinaus. Gill konnte einzelne Vokabeln, vermochte daraus aber keine Sätze zu bilden. *Bhala* – schreiben, *hlala* – sitzen, und so weiter und so fort.

»Was ist los? Warum kommst du nicht zur Arbeit?«, fragte ich.

»Nichts ist los. Morgen komme ich wieder.« Sie hörte sich ernst an.

Ich drängte sie nicht, Einzelheiten zu erzählen. Ich war mir nicht sicher, ob wir uns gut genug kannten, um über unser Privatleben zu sprechen. Gill machte Tee und zeigte mir ein paar Fotos, die sie gerade angeschaut haben musste, als ich kam. Sie nahm das Album, das auf ihrem Bett lag, zur Hand. Darin waren Fotos von ihren Eltern, ihren Cousinen und Cousins, ihren Tanten und Onkeln. Einige zeigten sie selbst im Physiklabor ihrer Schule, wo sie durch ein Vergrößerungsglas Gegenstände betrachtete. Einer gehörte zu einem HiFi-System, das sie mit ihren eigenen Händen zusammengebaut hatte, wie sie erzählte.

»Das ist mein Vater«, sagte sie und deutete auf einen glatzköpfigen, lächelnden Mann.

Er war Industrieller, Manager einer Elektronikfirma. Sie zeigte mir noch mehr Fotos, doch blieb mein Blick an einem Bild hängen, auf dem ein kleines Mädchen zu sehen war, das zwischen einem Mann und einer Frau stand. Gill mit fünf Jahren. Ihr kleines Gesicht glänzte vor Sauberkeit, und ihr Rock, der in der Taille stark gerafft und zudem mit Spitze abgesetzt war, stand ab wie ein Regenschirm. Alles ließ darauf schließen, dass sie ein beschütztes, behütetes Kind war. Aber jetzt sah sie traurig aus.

Eine junge weiße Frau aus einer reichen Familie mit einer soliden Ausbildung – was war ihr Problem?

»Warum bist du hier, wenn du so unglücklich bist?«

»Um Physik zu unterrichten, aber auch . . . um etwas Persönliches zu erreichen. Ich möchte erfahren, was Not bedeutet.«

Ihre Antwort ließ mich verstummen.

»Mein Leben war zu leicht gewesen«, sagte sie. »Ein stetig dahingleitender Fluss – ohne kleinste Wellenbewegungen. Ich wünsche mir größere Probleme. Herausforderungen. Ich möchte durch Leid und Erfahrung gehärtet werden, so wie du.«

Verwirrung breitete sich auf meinem Gesicht aus, und aus einem Zucken um meine Lippen wurde bald ein Kichern. Bequemlichkeit zurückweisen? Hier stand ich und kämpfte, um meinen Kindern all das zu bieten, was ich mir in meiner Kindheit gewünscht hatte: ein Bett, ein Paar Schuhe, genug Tee und Brot.

»Na ja, Leid und Erfahrung sind kein Vergnügen«, erklärte ich.

Gill widersprach. Sie wollte so sein wie ich. Sie wollte kämpfen, um besser zu werden; sie wollte es allein schaffen, ohne die Hilfe ihrer Eltern. Sie war darüber enttäuscht, in Simbabwe kein Elend gefunden zu haben. Sie hatte erwartet, an eine Schule auf dem Land zu kommen, wo sie einen Eimer Wasser von einer Wasserstelle hätte holen müssen, über einem rauchenden Feuer kochen und stundenlang auf einen Bus in die Stadt warten müssen. Sie aber lebte in der Stadt, in Bulawayo, weil die meisten Schulen, die Physik im Abitur anboten, in den Städten lagen.

»Warum sollte ich von zu Hause weggehen, um nach Afrika zu gehen, wenn ich hier so lebe wie in England? Oder beinahe«, korrigierte sie sich. Sie hatte vor, am Ende des Jahres zurückzukehren, um an der Universität von Oxford weiterzustudieren.

Auch wenn es Gill nicht besonders gut gefiel, so hatten die anderen ausländischen Lehrer hier ihre beste Zeit. Sie waren anders als die Weißen, die wir bis jetzt gekannt hatten. Sie mieteten Häuser in Mzilikazi, Luveve und Nkulumane, den afrikanisch geprägten Vororten von Bulawayo. Ohne Angst liefen sie dort durch die Straßen, und ständig folgte ihnen eine Schar erstaunter, aber erfreuter Kinder, die schrien: *»Amakiwa! Amakiwa!* Weiße Leute! Weiße Leute!« Sie fuhren nicht mit dem Auto zur Arbeit. Wir trafen uns an der Bushaltestelle. Geduldig warteten wir bei jedem Wetter gemeinsam in einer Schlange – in der Oktoberhitze und im Januarregen. Die Kinder in der Schule liebten sie. Sie waren keine gestrengen Zuchtmeister. Auf ihrem Gebiet waren sie ungemein beschlagen, besonders in englischer Literatur und in den Naturwissenschaften. Während die meisten von uns – die einheimischen Lehrer – die Schüler mit Beleidigungen und Spott schikanierten und drangsalierten, lobten die Austauschlehrer jede noch so bescheidene Anstrengung der Schüler.

»Ihr strampelt euch trotz großer Schwierigkeiten ab«, sagten sie zu den Schülern. »Zehn von euch müssen sich ein einziges Lehrbuch teilen, und trotzdem habt ihr in allen Fächern auf Englisch gearbeitet … Das macht ihr prima. Und wisst ihr, dass die Cambridge-Prüfung zur Erreichung der mittleren Reife dazu gedacht ist, nur die besten 25 Prozent der Bevölkerung zu ermitteln?«

Zum ersten Mal in ihrem Leben erfuhren die Schüler, dass 75 Prozent von ihnen scheitern mussten.

Im Klassenzimmer waren die neuen Lehrer erstaunt, Praktiken zu erleben, die in ihren Ländern schon seit lan-

gem verboten waren. Tom Buchanan, der Lehrer aus Austra-
lien, dessen Klassenzimmer neben dem von Mrs. Ngwenya
lag, hörte missbilligend, wie sie die Schüler ihrer dritten
Klasse zusammenstauchte, weil sie bei der Biologiearbeit
versagt hatten.

»Wenn man euch anschaut, könnte man meinen, ihr seid
gerade mal im ersten Schuljahr. Ihr macht nach außen
einen gescheiten Eindruck, würde ich euch aber ins Wasser
werfen, würdet ihr euch alle davontreiben lassen. Ihr seid
Witzfiguren! Ihr habt nichts als Stroh im Kopf!«

Wir schickten die Schüler, die die Prüfungen nicht geschafft hatten, zum Direktor. Dieser befahl ihnen dann,
sich über einen Stuhl zu beugen, und verprügelte sie mit
einem Bambusstab. Die Austauschlehrer verurteilten die
Schüler, die nicht bestanden hatten, nur höchst selten zur
Prügelstrafe. Sie weigerten sich, Notizen an die Tafel zu
schreiben, damit sie in die Hefte übertragen wurden.
Mechanisches Auswendiglernen und Drill waren in ihren
Augen veraltete und unwirksame Lehrmethoden. Für sie
war die Überwachung der Schüler ein ungeeignetes Mittel,
diese zu disziplinieren; deshalb wurden die Hefte selten
kontrolliert. Selbstdisziplin, den Schülern ein Verantwor-
tungsgefühl zu vermitteln – das war ihre Methode.

Den Direktor erfüllte das mit Sorge. Bedeuteten sie eine
Herausforderung oder eine Last? Niemals im Leben hatte
er sich vorstellen können, dass so viele Weiße unter ihm
arbeiten würden. Klar war das ein Symbol für das neue
Simbabwe.

Die Schüler nutzten das aus. Ihnen fielen Entschuldigungen dafür ein, Schulstunden verpasst und ihre schriftlichen
Hausaufgaben nicht abgegeben zu haben. Morgens kamen
sie zu spät.

»Der Bus ist an uns vorbeigefahren«, erklärten einige.

»Nein, der Bus ist nicht an euch vorbeigefahren – ihr habt ihn verpasst«, korrigierten die Austauschlehrer leicht verärgert.

Die Schüler wurden laut im Unterricht. Sie beklagten sich darüber, wie uneinsichtig die einheimischen Lehrer seien. Von den durchweg männlichen Schülern in Gills Physikkurs hatte fast ein Viertel während des gesamten Trimesters nicht einen Strich getan.

»Sie sind erwachsene Männer. Sie sehen gut aus und haben obendrein Geschmack«, sagte Gill und lachte fast dabei. »Sie sollten wissen, was sie tun.«

Nachdem zwei Trimester des Schuljahres vorbei waren, tauschten wir Beobachtungen über unsere neuen Kollegen aus. Die Austauschlehrer waren lax, zu liberal. Sie verdarben die Kinder. Es waren Kinder aus Simbabwe. Auf welches Leben sollten sie denn nach Meinung der neuen Lehrer vorbereitet werden? Auf ein Leben in Europa? Es überraschte deshalb nicht, dass Mr. Moyo diesen Punkt auf einem unserer wöchentlichen Lehrertreffen zur Diskussion stellte.

Die Austauschlehrer argumentierten gegen die Prügelstrafe. Es sei entwürdigend, meinten sie. Schläge provozierten Angst. Alles, was die Schüler bräuchten, sei ein gesunder Respekt gegenüber der Autorität, eine Atmosphäre, die es ihnen erlaubte, ihre Bedenken ohne Angst zu äußern. Kinder hatten Rechte. Die neuen Freiheiten im unabhängigen Simbabwe galten für alle, auch für Kinder.

Wir wussten, was politische Unabhängigkeit bedeutete. »Ein Mann, eine Stimme« lautete der Slogan, in den wir alle zuvor eingestimmt hatten. »Kinderrechte« war etwas

Neues. Wir, die einheimischen Lehrer, waren anderer Meinung und schauten den Direktor an, damit er das letzte Wort in dieser Angelegenheit sprach. Er schien erleichtert, dass wir ihm vertrauten. Eine Zeit lang hatte er befürchtet, in der Schule seine Politik der harten Hand lockern zu müssen. Er kämpfte mit sich selbst, weil er nicht wusste, was zu tun sei: Sollte er die neuen Lehrer maßregeln und damit riskieren, dass ihn die Schüler einen rassistischen Diktator nannten, oder sollte er die Situation so lassen, wie sie war, und dabei riskieren, dass ihn die Lehrer einen schwarzen Feigling nannten, der sich davor fürchtete, den Weißen mit Autorität zu begegnen? Er räusperte sich. Er klang entschlossen und schroff und nutzte die Gelegenheit, seine Stellung auszuspielen.

»Die Schüler müssen am Ende des Jahres ihre Prüfungen bestehen. Die Hefte müssen zensiert werden. Schüler, die ihren Pflichten nicht nachkommen, müssen in mein Büro geschickt werden.«

Damit war die Diskussion beendet. Er machte eine bedeutsame Pause und ließ dann seinen Blick über die vordere Stuhlreihe gleiten, wo die Austauschlehrer saßen.

Das Treffen hinterließ einen unangenehmen Nachgeschmack. Trotzdem dachte keiner lange darüber nach. Es sei offen und ehrlich abgelaufen, kommentierten einige. Die neuen Lehrer hielten sich seitdem bei Kollegiumstreffen zurück. Rechtzeitig überdachten sie nun die Folgen ihrer Taten innerhalb und außerhalb der Klassenzimmer. Sie hatten ihre Grenzen ausgetestet und wussten jetzt, wie weit sie gehen konnten. Sie schrieben fortan eine Flut von Noten an die Tafeln, die die Schüler in ihre Hefte übertragen mussten, und sie verschlossen ihre Ohren vor den

Schreien der gezüchtigten Schüler. Sie schrieben die Schläge kulturellen Unterschieden zu.

Eines Tages tauschten wir alle, die einheimischen und die ausländischen Lehrer, Blicke aus, als wir an einigen Schülern vorbeigingen, die mit erhobenen Händen stundenlang auf dem Asphalt knieten. Der Direktor hatte sie bestraft, weil sie zu spät zur Schule gekommen waren. Ihr Anblick ließ uns alle erschaudern. Es war beunruhigend. Die Schüler erinnerten an Kürbispflanzen, die in der Mittagssonne verwelkten.

Gill blieb unberührt und stumm; sie weigerte sich, in eine Diskussion einzusteigen. Es sei nicht an ihr, erklärte sie mir, die Simbabwer zu erziehen. Außerdem suche sie nach größeren Aufgaben, um ihre ungenutzten Energien einzusetzen.

Die Schulferien boten Gelegenheit zu verreisen, und Gill schloss sich einer Gruppe an, die das Land bereisen wollte. Bewaffnet mit ihren Kameras, Ferngläsern, Rucksäcken und harter Währung, erforschten sie die Wildparks im ganzen Land: Hwange, Gonarezhou, Matobo, Chizarira. In den Hotels und Nachtclubs bestellten sie Bier und Wein und probierten exotische Speisen wie *Sadza* und Krokodilschwänze. Sie tanzten mit einheimischen jungen Männern und Frauen zu den Rhythmen einheimischer Musikbands: den Bhundu Boys, Munya Brown und Thomas Mapfumo. Als das nächste Trimester anfing, brachten sie dicke Umschläge voller Fotos mit in die Schule. In der Frühstückspause ließen sie diese begeistert kursieren, damit alle die Bilder betrachten konnten. Noch einmal blieb ihnen die Spucke weg, als die das Farbfoto eines Leoparden betrachteten, der auf einem Ast ruhte, das Bild einer Büffelherde ansahen oder Impalas, die in der Wildnis grasten. Teilweise waren Bilder dabei, die die Matobo zeigten, die Felsen und Felsstücke, die hoch aufeinander geschichtet lagen. Mich ließen die Fotos kalt. Was gab es schon darauf zu sehen, wenn die Menschen darauf fehlten? Die Schönheit der unberührten Wildnis sagte mir nichts.

Am Ende des Jahres kehrte Gill nach Großbritannien zurück. Wir schrieben uns regelmäßig. Zwei Jahre später hatte ich das Geld für einen Last-Minute-Flug zusammengekratzt. Die Ankündigung meiner Reise provozierte die Kommentare meiner neidischen Freunde.

»Du wirst schöne Kleider mitbringen. Außerdem einen Farbfernseher und einen Computer.«

»Bring ein paar Pfund mit und mache dadurch Gewinn, dass du sie hier bei der Bank tauschst.«

»Du wirst zurückkommen und besser aussehen, weil die Kälte deine Haut aufhellen wird.«

Eine Reise in den Westen bedeutete eine Veränderung zum Guten. Woher aber sollte ich ein paar Sterling zum Einkaufen nehmen und außerdem noch genug Geld mit nach Hause bringen, um es zur Bank zu tragen? Doch ich sagte dazu nichts und glühte stattdessen angesichts ihrer grundlosen Eifersucht.

Am Flughafen Heathrow sammelte ich mein Gepäck ein und schob den Kofferkuli vor mich hin. Ich folgte den Pfeilen in Richtung Zollabfertigung. Bald stand ich vor einem Zollbeamten; er trug Uniform, zeigte ein undurchdringliches, glatt rasiertes Gesicht, hatte einen Kurzhaarschnitt und eine Kommandostimme. Eine Flut von Fragen stürzte auf mich nieder.

»Warum sind Sie hier? Machen Sie hier Ferien oder sind Sie auf Geschäftsreise?«

»Wen wollen Sie besuchen?«

»Wie lange kennen Sie sich schon?«

»Arbeitet Ihre Freundin?«

»Wie lautet Ihre Adresse?«

»Haben Sie eine Familie? Besitz?«

Seine Fragen kannten kein Ende. Ich muss aber alle zu seiner Zufriedenheit beantwortet haben, denn er knallte einen Stempel in meinen Pass. In der Ankunftshalle wartete Gill. Angesichts der vielen weißen Gesichter konnte ich ihres nicht ausmachen. Sie aber erkannte mich und winkte heftig.

Als wir über den Asphalt des Parkplatzes liefen, blickte ich auf. Meine Augen sahen einen grauen Himmel, der so niedrig hing, dass ich ihn fast berühren konnte.

Monde Sifuniso
Nachtgedanken

Während ich hier im Bett liege, frage ich mich, wie spät es wohl ist. Das Krankenzimmer ist nur schwach beleuchtet, und die Nachtschwester ist an ihrem Tisch eingeschlafen. Die Patientin im Bett gegenüber meinem liegt seit einer Woche im Koma. Die beiden Patientinnen, die auf ihrer Seite des Krankenzimmers liegen, sind inzwischen ruhig. Am früheren Abend war eine der beiden im Delirium, während die andere dauernd stöhnte und nach dem Arzt rief, der nie kam. Die Patientin neben meinen Bett ist tot – bis auf ihren Kopf. Sie kann ihre Augen öffnen und schließen, sie kann ihren Kopf bewegen und sogar versuchen zu sprechen. Doch das ist alles, was sie tun kann.

Die Nacht ist ruhig, und heute Nacht habe ich keine Schmerzen. Heute Nacht kann ich meine Gedanken durch die vergangenen drei Jahre, die du jetzt fort bist, schweifen lassen. Ich kann dich jetzt sehen, wie deine Finger abwesend an deinem Bart ziehen, ein kleines, wissendes Lächeln deine Lippen umspielt und deine Augen in Entfernungen blicken, die ich mit bloßen Augen nicht sehen konnte. Wenn du mir an jenem letzten Tag gesagt hättest, dass ich dich für eine lange Zeit nicht mehr sehen würde, dann wäre ich ein wenig länger bei dir geblieben.

Als du gingst, war Sikiti der *Litunga* von Barotseland, unser Staatsoberhaupt. Zu jener Zeit war er bereits unbeliebt, erinnerst du dich? Ich bin sicher, dass du dich daran erinnerst, wie er mit verfaulten Apfelsinen und Tomaten beworfen wurde, als er versuchte, zu den Studenten der Tukuluho-Universität zu sprechen. Er hatte Glück, dass es keinem gelang, ein Ei auf seiner Glatze zu platzieren.

Drei Monate nach deinem Weggang war Sikiti so anständig, abzudanken. Überall war die Freude groß. Einander völlig fremde Menschen umarmten sich und tanzten umher. Es gab sogar ein Feuerwerk. Das königliche Komitee verlor keine Zeit. Binnen drei Tagen wurde der großspurige Sohn eines anderen, ebenfalls ungeliebten *Litunga*, der auf den Spottnamen Mutelo hörte, an Sikitis Stelle gesetzt. Traditionsgemäß wurde er außerhalb der *Kuta*, draußen vor dem Palast, in sein Amt eingeführt. Er gab sich den Namen Liswani und wurde so Liswani II. Wir waren kurzsichtig genug, um begeistert zu reagieren und ihn zu rühmen. In unseren Köpfen wurde er zu einem Riesen.

Fast eine Woche lang herrschte Euphorie in der Hauptstadt. Wir taten nichts anderes, als ihn verträumt im Fernsehen anzustarren, als er uns das versprach, was Sikiti uns genommen hatte – den Himmel auf Erden. Er war so redegewandt, dass wir die saftigen Steaks, von denen er uns erzählte, nicht nur vor unserem geistigen Auge sahen, sondern diese auch brutzeln hörten und zu riechen glaubten. Da war endlich ein *Litunga*, der unsere Zukunftshoffnungen teilte, der sich gegen einige der rückständigen Gebräuche unseres Landes stemmte und uns ermutigte, frei zu denken. Liswani II. wurde der erste *Litunga*, der über Demokratie in unserer Monarchie sprach. Ich gebe zu, dass auch ich mich auf einer Welle von Optimismus davontragen ließ.

Nach der obligatorischen Frist von zwei Wochen zog Liswani in den Palast. Auf der letzten Stufe hielt er inne und winkte uns zu, bevor er den Regierungspalast betrat. Er war kaum eine Minute drin, da schoss er auch schon wieder heraus und erzählte uns, dass man außer Steinen und Mörtel alles aus dem Palast getragen hätte! Dass er sich für das Land krumm legen wollte, bedeutete doch nicht, dass er keinen Stuhl benötigte, um sich hinzusetzen, und kein Bett, um darin zu schlafen. In der kurzen Zeit, die er sich im Palast aufhielt, hatte er es geschafft, einen Blick in den Tresor zu werfen. Er sagte uns, Sikiti hätte die Schatztruhen des Landes geplündert. Kannst du dir vorstellen, dass ich tatsächlich bereit gewesen wäre, Geld für ihn zu sammeln? Ich glaube, einige haben das tatsächlich getan, denn schon eine Woche später rollten Lastwagen aus Namibia herbei, und die teuersten Möbel, die du je gesehen hast, wurden entladen. In der Zwischenzeit hatte unsere effektiv arbeitende Polizei noch nicht herausgefunden, wer die Palastmöbel davongeschleppt hatte.

Wir brauchten nicht lange, um zu erkennen, dass sich nichts geändert hatte, auch wenn die *Nalikwanda* – die königliche Barkasse – nun mit Motorkraft lief und man nicht mehr rudern musste. Offiziell nannte sich Liswani nicht mehr *Litunga*, sondern König. Der *Ngambela* wurde Premierminister, die *Kuta* das Kabinett und seine *Indunas* Minister! *Induna Kalonga* wurde zum Erziehungsminister bestellt, *Induna Makwakwa* zum Arbeits- und Beschaffungsminister und so weiter und so fort. Für den neuen König und seine Minister kamen Landrover und modernste Autos ins Land. Mit unseren Lebensbedingungen ging es bergab. Die Arroganz der Sikiti-Ära kehrte zurück. Jeder, der sich beschwerte, wurde zum Staatsfeind deklariert und wanderte ins Gefängnis. Das war neu. Denn wenn es etwas gab, von dem wir in diesem Land mehr als genug hatten, dann war es das Recht auf freie Rede. *Mulena ki mutangaa sicaba* lautete unser Motto: »Der König ist der Diener der Nation.« Nun aber errichtete Liswani eine Barriere zwischen der Königsfamilie und dem Volk. Er fing an, die Angewohnheit des *Litunga*, sich inkognito unter die Leute zu mischen, um herauszufinden, was die Menschen dachten, zu missbrauchen. In der Vergangenheit halfen die Informationen, die die *Litungas* auf ihren nächtlichen Streifzügen gesammelt hatten, sich den Erwartungen der Menschen anzupassen. Der neue König, der Freidenker liebte, sperrte dagegen die Menschen, die seiner Meinung nach Abfälliges sagten, ein, selbst wenn sie dabei nur im Vollrausch gewesen waren.

Als König Liswani den königlichen Informationskanal kappte, bedienten wir uns der Gerüchteküche. Ich weiß nicht, wie viel von dem, was ich in den letzten drei Jahren gehört habe, wahr ist und was erfunden worden ist. Einige Geschichten klangen glaubhaft, anderen entnahm ich nur ein Quäntchen Wahrheit, und wieder andere schlug ich gleich in den Wind. Ich meine, man glaubt eine Geschichte, wenn sie plastisch geschildert wird – und zwar nicht nur von einem, sondern von mehreren – über jemanden, der dem König nahe stand und einen anderen tötete. Wenn dir jemand erzählt, dass die Frau eines Prominenten damit droht, diesen zu verlassen, weil in ihrem Haus ein Poltergeist verheerenden Schaden anrichtet, dann bist du dir nicht sicher, ob du das glauben oder dem Erzähler ins Gesicht lachen sollst. Aber es gab immer mehr als einen Informanten. Wenn die Leute jedoch schwören, dass in einem Raum des Palastes unsere toten *Litungas* als Zombies aufbewahrt würden und derselbe Raum mit einer Fotografie dekoriert sei, aus der es bluten würde, dann weißt du, dass die Phantasie mit ihnen durchgeht.

Schließlich hörten wir das unglaublichste aller Gerüchte: Liswani II. würde verrückt, er verlöre seinen Verstand. Warum? Er wurde angeblich von einem Lebenden verfolgt, seinem Vorgänger Sikiti. Es hieß, dass König Liswani eines Nachts zur gewohnten Zeit zu Bett ging. Er wusste nicht mehr, wann er aufgewacht war, doch als er seine Augen öffnete, saß Sikiti auf einem Stuhl neben seinem Bett. Liswani reagierte ganz kindisch. Er zog seine Bettdecke über den Kopf und schrie. Das Zimmer der Königin ist durch eine Tür vom Zimmer des Königs getrennt. Bald nach seiner Krönung hatte der König diese Tür abgesperrt und sie verschlossen gehalten, weil seine nationalen Pflichten Vorrang hatten vor den ehelichen. Bevor die Königin in dieser Nacht aus dem Bett geklettert und die Tür zum Flur erreicht hatte, die der König für gewöhnlich unverschlossen ließ, war seine Leibwache schon dabei, die Schränke zu öffnen und unter das Bett zu schauen. Der König saß zitternd im Bett. Sie setzte sich zu ihm und fragte ruhig, was denn los wäre.

»Sikiti«, stieß ihr Ehemann zwischen zusammengepressten Zähnen hervor.

»Hier?«, fragte sie ungläubig. Niemand antwortete ihr. Es war allgemein bekannt, dass Sikiti am Vortag nach Südafrika aufgebrochen war.

Der König wusste nicht mehr, was er tun sollte. Er stellte sich vor, dass seine Leibwache nicht hätte hereinkommen können, um ihn zu retten, wenn in dieser Nacht seine Zimmertür verschlossen gewesen wäre. Andererseits konnte Sikiti, gerade weil die Tür nicht abgeschlossen war, in sein Zimmer schlüpfen. Schließlich beschloss der König, auch diese Tür abzuriegeln, und so wurde sein Schlafzimmer zu einem Kokon, den nur eine bestimmte Putzfrau betreten durfte.

Während der Regierungszeit Sikitis hatten sich unsere Beziehungen zu Sambia verschlechtert. Liswani war entschlossen, das gute nachbarschaftliche Verhältnis, das einmal zwischen unseren beiden Ländern bestanden hatte, wiederherzustellen.

Eines Nachts flog Liswani von einer Friedensmission in Sambia zurück, er war erschöpft. Er beantwortete keine Fragen, versprach aber, am nächsten Tag eine Pressekonferenz abzuhalten. Später hörten wir, dass er in sein Privatbüro gegangen war und mit seinem Pressesprecher gesprochen hatte. Nachdem dieser gegangen war, setzte der König sich hin und las ein Buch. Dann schlief er auf seinem Stuhl ein. Als er aufwachte, saß Sikiti auf einem Stuhl ihm gegenüber und hielt das Buch, das der König gerade gelesen hatte, in den Händen.

Was als Nächstes geschah, sollte eigentlich vertraulich behandelt werden, da du das aber nicht weitertragen wirst, erzähle ich es dir. Der König machte sich in die Hose und fiel in Ohnmacht. Es wird gemunkelt, dass der Gestank die Alarmanlage in Gang setzte. Als der König endlich gefunden wurde, lag er ordentlich auf dem Boden, wobei er die Hände über der Brust gefaltet hatte wie ein Toter. Da entschloss man sich, einen Psychiater zu holen und später noch einen Priester, um auszutreiben, wer auch immer von unserem *Litunga* Besitz ergriffen hatte. Sikiti konnte das nicht sein. Er war von Barotseland nach Botswana gegangen, zwei Tage bevor der König behauptet hatte, ihn in seinem Büro gesehen zu haben.

Du weißt, dass wir trotz all der Witze, die wir über unsere *Litungas* machen, eigentlich ein sehr loyales Volk sind. Als wir erkannten, dass der König ernsthaft krank war, stellten wir uns hinter ihn. Wir versuchten herauszufinden, was gut an ihm war. Das war schwierig, doch unsere Herzen erwärmten sich für ihn, als wir sahen, wie sich Fältchen um seine Augen bildeten, wenn er in kindisches Gelächter ausbrach. Wir waren glücklich, als er wieder so unbekümmert gehen konnte wie zuvor.

Vier Monate genoss unser König unsere Lobhudelei. Dann schlug das Schicksal erneut zu. Eines Nachmittags betrat Liswani die Palastbibliothek und fand Sikiti vor, der gerade ein Schachspiel auf dem Couchtisch aufbaute. Er rannte aus dem Raum und schlug nach jedem, der ihn aufhalten wollte. Er war schon halb am Eingangstor, als einer der Wachen den Mut hatte, ihn zu Fall zu bringen. Er weigerte sich, in den Palast zurückgebracht zu werden. Der König und die Königin zogen in eines der kleineren Häuser hinter dem Palast. In diesen Häusern hatten einst die jüngeren Frauen des *Litunga* gewohnt (als es noch die Pflicht eines *Litunga* war, fünf Frauen zu haben). Der König führte jedoch weiterhin vom Haupthaus aus die Geschäfte. Diesmal war Sikiti gesehen worden, wie er das Haus des Innenministers verließ, gerade nachdem der König Hals über Kopf aus dem Palast gerannt war. Auf Nachfrage bestritt der Minister vehement, dass der Ex-König Sikiti ihn besucht hätte.

An einem Oktobermorgen berief der *Litunga* sein Kabinett zusammen. In der Teepause um 10.00 Uhr entschuldigte er sich und verließ den Raum. Eine Stunde später war er immer noch nicht zurück. Sein Privatsekretär sollte erkunden, ob das Treffen (schon) vorbei sei. Er kam zurück und berichtete, dass er den König nicht gefunden hätte. Nachdem festgestellt worden war, dass er nicht hinausgefahren war, suchten die Minister leise den Palast ab. Zwei Stunden später war klar, dass der König sich weder im Palast noch in einem der anderen Häuser innerhalb der Palastmauern aufhielt. Auch die Suche auf dem großen Grundstück brachte nichts.

Am Palasttor waren die Namen aller Leute aufgeschrieben worden, die zwischen 10.00 und 11.00 Uhr nach draußen gefahren waren. Man spürte sie auf und rief sie im Palast zusammen. Sie alle bestritten, den König in ihrem Auto versteckt zu haben und mit ihm weggefahren zu sein. Da nun aber die fünf Männer und die eine Frau wussten, dass der König verschwunden war, musste man sie im Palast festhalten. Zwei der Männer besaßen daheim kein Telefon. Deshalb schickte man jemanden zu ihnen nach Hause, der ihre Familien beruhigen sollte. Eine der Ehefrauen bekam Panik. Sie erzählte dem Herausgeber des *Koranta*, ein berüchtigtes Revolverblatt, ihr Ehemann sei verhaftet worden. Als die Geschichte am nächsten Tag auf der Titelseite der Zeitung prangte, begannen die Frauen mehrerer Minister (die ebenfalls die Nacht im Palast verbringen mussten) verzweifelt nach ihren Männern zu suchen – was dazu führte, dass um die Mittagszeit jeder wusste, dass der König verschwunden war.

Jetzt hieß es, man habe ihn gesichtet! Der König war in Senanga gesehen worden. Die Polizei dort begann zu suchen . . . Sesheke, Kalabo, Lukulu . . . nichts. Am dritten Tag aß der Innenminister mit drei Mitgliedern des königlichen Komitees zu Mittag.

»Wenn der König bis morgen nicht zurückgekommen ist, muss euer Komitee sich treffen und entscheiden, was zu tun ist«, sagte der Minister.

»Wir könnten sagen, dass er abgedankt hat, weil er so viele Probleme hatte«, sagte eines der Mitglieder des königlichen Komitees.

»Dies ist ein gutes Beispiel für göttliche Fügung. Seine Seele flog in einem UFO davon«, meinte ein anderes Mitglied.

»Heize die Phantasie der Leute nicht mit Geschichten über UFOs an. Die erzählen sonst noch, sie hätten ihn über den Mond springen sehen«, sagte ein drittes Mitglied.

»Der Mond ist ein Ort, den sollte er nun wirklich meiden. Kein guter Ort für Mondsüchtige«, sagte der Minister und erntete das Gelächter der drei anderen.

»Es ist interessant zu erfahren, was die Menschen so von einem denken«, sagte die unverkennbare Stimme des Königs, als dieser den Raum betrat; er trug dieselben Kleider wie bei ihrem letzten Treffen.

Der Innenminister und seine Gäste rappelten sich hoch und versuchten zu zeigen, wie glücklich sie waren, ihn zu sehen. Er schaute an ihnen vorbei und verzog den Mund, als sähe er Flöhe auf dem Rücken einer Promenadenmischung. Er griff nach dem Mobiltelefon, das auf dem Sideboard lag, und verließ das Zimmer. Sie hörten ihn telefonieren, konnten aber nicht verstehen, was er sagte. Sie blieben sitzen und vermieden es, sich anzusehen, weil sie nicht wussten, was sie tun sollten.

Als sie einen Wagen hereinfahren hörten, seufzten alle. Sie brauchten eine Ablenkung. Der Wagen hielt und sie erwarteten, dass der König schnell einsteigen und sich verstecken würde. Als das aber nicht passierte, stand der Minister auf, um herauszufinden, wer denn gekommen war. Er sah gerade noch, wie der König in einen Palastwagen stieg und ohne einen Blick zurück davonfuhr. Ihm blieb nichts anderes übrig, als seine Gäste zu rufen und Liswani zum Palast zu folgen. Der König hatte jedoch Anweisung gegeben, weder ihnen noch einem anderen Mitglied des Kabinetts Einlass zu gewähren. Sie wurden direkt wieder zurückgeschickt. In den nächsten fünf Tagen hieß es überall, im Palast sei man extrem beschäftigt.

»Liswani hat nichts Gutes im Sinn«, sagte sich der Innenminister. Er wagte nicht, seine Einschätzungen jemandem mitzuteilen. Die Menschen konnten nicht einmal mehr ihren Ehegatten trauen, jetzt wo Liswani so anständig dafür bezahlte, um zu erfahren, was die Leute über ihn sagten.

Sechs Tage nach seinem Wiederauftauchen lud Liswani zu einer Pressekonferenz. Alle seine Minister mussten teilnehmen, auch alle Mitglieder des diplomatischen Korps wurden erwartet. Zum ersten Mal waren auch die Mitglieder der erweiterten königlichen Familie eingeladen. Und auch zum ersten Mal gab es keine Gerüchte vor der Pressekonferenz. Wir standen alle vor einem Rätsel. Frage mich nicht, wie ich an diesem Tag zum Palast gekommen bin, aber ich war da, zusammen mit den Allerbesten, den Interessierten und den Besorgten!

König Liswani kam heraus und trug seine königlichen Insignien. Er wirkte stolz und würdevoll. Ich erkannte in ihm etwas von seinem großen Ahnen, König Lewanika. Er setzte sich auf seinen Thron auf dem Podest und wirkte wieder so klein und bedauernswert wie zuvor.

»Hier bin ich, meine Damen und Herren – zum Leidwesen meiner Kritiker. Heute werde ich meine Feinde und die Feinde meines Landes benennen, denn jeder, der mir Böses will, will unserem Land Böses.« Er lachte freudlos.

Während seiner einführenden Worte wurde ein riesiger Bildschirm installiert. Mitten in einem Satz erschien auf dem Schirm eine Wand. Wir glaubten, eine moderne Alice im Wunderland sehen, als eine Reporterin die Wand berührte. Sie drehte sich, um die Leute zu sich zu winken, die noch außerhalb des Bildes waren, als sich ein Riss in der Wand zeigte. Vier andere Reporter traten auf sie zu, und der König schloss sich an. Der Reihe nach traten sie zu der Öffnung und passierten die Mauer. Sie hatten jetzt den privaten Palastgarten betreten. Ein kleines Tor wurde gezeigt, das sich zur hinteren Straße öffnete, aber von wunderschönen Kletterpflanzen so überwuchert war, dass es vollkommen versteckt war. Die Gruppe ging dann in Richtung Palast und blieb an einer Einstiegsöffnung stehen. Man entfernte die Einstiegsluke, und alle sechs stiegen hinab ... in ... nun in den Abwasserkanal. Das nächste Bild zeigte Stufen, die zu einer riesigen Röhre führten, in der alle aufrecht stehen konnten. Sie marschierten durch die Röhre und kletterten durch eine andere Luke in den Garten des Innenministers.

»Sie werden sich daran erinnern, dass Sikitis Sohn in diesem Haus wohnte und nach meiner Amtseinsetzung gezwungen werden musste, auszuziehen. Nun wissen wir warum. Viele von Ihnen, auch die Leute, die ich aus der Versenkung geholt hatte, damit sie die Staatsgeschäfte mit mir zusammen ausübten, verkündeten lauthals, Liswani wäre verrückt, Liswani wäre verrückt.«

Schweigen breitete sich aus. Selbst die Hofnarren verstummten.

»Ihr wart alle auf Sikitis Seite, und ihr wart alle bereit zu bezeugen, dass er jedes Mal, wenn ich behauptete, ihn gesehen zu haben, außerhalb des Landes wäre. Wie ihr sehen könnt, ging er einfach nur in den Untergrund. Die Frage, die sich jede intelligente Person stellen müsste, ist, warum Sikiti es nötig hatte, einen geheimen Durchgang zum Haus seines Sohnes zu haben.

Liebe Landsleute, dieser Durchgang ist nicht von Sikiti und seinem Sohn allein gebaut worden. Es gibt Männer und Frauen, die von diesem Durchgang wissen und daran mitgearbeitet haben. Doch selbst als man meine geistige Gesundheit in Frage stellte, ist niemand aufgestanden, um mir zu sagen, dass Sikiti die Möglichkeit hatte, ungesehen in den Palast zu gelangen.

Sikiti befindet sich nun außerhalb des Landes, nachdem ihm jemand geraten hatte, sich aus dem Staub zu machen. Er wird zurückkommen, dann wird er eine Menge Fragen zu beantworten haben. Sein Sohn ist verhaftet worden, er hilft der Polizei bereits bei ihren Ermittlungen. Ich möchte an dieser Stelle das Bauunternehmen Mutai loben, das in der letzten Woche Tag und Nacht daran gearbeitet hat, diesen Durchgang zu verschließen.«

Wo war Liswani gewesen, als Sikiti *Litunga* war? Natürlich wurde darüber offiziell nichts verlautbart, doch wir wussten alle von diesem unterirdischen Gang, nicht wahr? Ich erinnere mich sogar daran, wie du und ich über Lewanikas Flucht im Jahre 1884 diskutiert haben, als eine Rebellion gegen ihn losging: wie Lewanikas Feinde, denen man versichert hatte, dass er im Bett läge, den Palast gestürmt hatten. Es gab Beweise dafür, dass Lewanika in seinem Bett geschlafen hatte, aber er war nicht mehr in seinem Schlafzimmer und auch sonst nirgendwo im Palast. Mataa und seine Überläufer konnten nicht begreifen, wie Lewanika fliehen konnte, da sie jeden Ausgang abgesperrt hatten. Lewanika kam sicher in Angola an.

Nun, Liswani hatte Sikitis Methode bestätigt, dass ein *Litunga* fliehen konnte, wenn sich das Volk gegen ihn erhob, obwohl es kein besonders intelligenter Plan war, im Falle eines Aufstands zum Haus seines Sohnes zu rennen. König Liswani sagte nichts über die drei Tage. Hatte Sikiti Liswani gefangen gehalten? Befand Sikiti sich tatsächlich außer Landes? Im Augenblick wendete sich die Wut des Königs eher gegen seine *Indunas* als gegen seine Minister.

»Ich habe beschlossen, eine neue Mannschaft zu bilden, die mit mir arbeiten soll. Sie wird aus den Leuten bestehen, die die ganze Zeit an mich geglaubt haben.«

Meine Güte! Jetzt zeigte er wirklich, wie verrückt er war. Er ernannte neue Minister und einen neuen Premierminister. Die ehemaligen Kabinettsmitglieder bestrafte er, einen nach dem anderen. Die waren doch nur ein Haufen undankbarer Schmarotzer. Ich hatte Angst, aufzustehen und wegzugehen. Damals fingen meine Kopfschmerzen an, jedenfalls bemerkte ich sie da. Ich erwähnte diesen Zusammenhang gegenüber jedem Arzt, den ich aufsuchte, und jeder sagte mir, ich solle nationale Angelegenheiten nicht so persönlich nehmen. Ich würde mich selbst nur grundlos damit fertig machen.

Waren die Dinge schon vorher schlecht gelaufen, so wurden sie nun unerträglich. Die Gruppe unerfahrener Flegel, die Liswani umgab, war mehr als die anderen zuvor daran interessiert, sich selbst zu bereichern. Die Preise schossen in die Höhe. Nur noch wenige Leute konnten sich eine anständige Mahlzeit am Tag leisten. Viele von uns verloren ihre Arbeit, weil der Arbeitsmarkt schrumpfte. Die Situation wurde immer schlimmer. Wie soll man sich da nicht sorgen? Doch genug davon. Mein Kopf dröhnt schon wieder.

Vielleicht haben meine Kopfschmerzen sich tatsächlich aufgrund dieser Probleme so verschlimmert, dass mein Sehvermögen beeinträchtigt worden ist. Ich schrie oft wie ein Kind vor Schmerzen. Schließlich wurde ich in das Lewanika-Krankenhaus überwiesen. Rein zufällig war dort gerade ein Neurochirurg zu Gast. Er warf einen Blick auf mich und sagte sofort, ich solle aufgenommen werden. Ich hörte, wie er gegenüber den Ärzten, mit denen er zusammen war, den Verdacht äußerte, ich hätte einen Gehirntumor. Ein paar Tests bestätigten das. Der Tumor war bösartig und in einem fortgeschrittenen Stadium. Man sagte mir, dass ich nicht mehr lange zu leben hätte.

Die Prognose munterte mich auf. Der Tumor ist das Einzige, was ich besitze, das Einzige, was ich mein Eigen nennen kann. Das Leiden, das ich um mich herum sehe, nagt an meinem Herzen. Der Schmerz, den ich fühle, wenn der Hunger meine Eingeweide zerschneidet, ist viel größer als der Schmerz, den ich aufgrund des Tumors, der mein Gehirn zerstört, fühlen müsste. Ich verliere mein Augenlicht, und manchmal höre ich mich selbst schreien. Meine Stimme ist schon wie die eines Geistes. Vielleicht wimmere ich nur noch schwach. Ich kann nicht mehr sprechen.

Du hast in den letzten drei Jahren keine Verbindung mit mir aufgenommen. Nun, da ich bald bei dir sein werde, brauche ich deine Versicherung, dass es nach dem Tod keine Schmerzen und keinen Hunger mehr geben wird und dass wir wieder zusammen lachen werden, selbst beim Herumhüpfen, nein, wir versuchen, einen kühleren Platz zwischen den leckenden Zungen des Höllenfeuers zu finden. Es wird der Himmel sein verglichen mit dem, was aus Barotseland geworden ist.

Gugu Ndlovu
Der Kugelschreiber

Das Hotelgebäude stammte aus der Zeit vor dem Krieg. Ich erinnere mich nicht mehr, wie es hieß. Es stand an der Kreuzung zweier breiter Straßen gegenüber dem Bahnhof von Bulawayo, der einzigen Bahnverbindung zwischen Lusaka und Harare. Man konnte das Pfeifen des Zuges hören, das die Nachmittagsruhe durchschnitt. Als wir uns näherten, saß eine von der Sonne gegerbte Frau auf einer Zeitung und verkaufte ihre Waren, die in einer abgestoßenen Emailschüssel lagen: Kekse, Süßigkeiten, Zigaretten und Streichhölzer. Zwei ihrer barfüßigen Kinder spielten mit hintereinander aufgereihten Pappschachteln Eisenbahn, während ihr drittes, rotznäsiges Kind im Krabbelalter ein Kohlblatt, das es vor meinen Füßen gefunden hatte, in den Mund steckte. Ich stieg über sie hinweg und ging hinein in den kühlen Schatten des Hotels.

Zögernd betätigte ich die abgenutzte silberfarbene Klingel, die auf dem Tresen stand und mit Rostflecken überzogen war. Ihr »Kling« störte einige Fliegen auf, die hungrig um ein fettiges braunes Papier summten, das daneben lag. An der Wand hinter dem Tresen hing schief ein Kalender mit einem Bild von Miss July, einer Blondine in einem gepunkteten Bikini mit schmalen Riemchen. Neben Miss July hielt ein großer Nagel die Ecke eines zerschlissenen Samtvorhangs hoch, der halbherzig einen Eingang verbarg, der vermutlich in ein Büro führte.

Ein Inder mittleren Alters mit krank wirkender gelblicher Haut tauchte hinter dem Vorhang auf. Tiefe Pockenmale, die von alten Aknenarben stammten, ließen die Haut an seinen Wangen runzlig aussehen. Seine wachen Augen, die die Wölbung meines Busens abtasteten, gaben mir das Gefühl, nackt zu sein. Mich schauderte vor Ekel, als ich mir seinen harten gelben Curry-Schwanz hinter dem Tresen vorstellte.

»Wir brauchen für eine Stunde ein Zimmer«, sagte ich und klang ein wenig zu ärgerlich, als ich meine Verlegenheit zu verbergen suchte. Ich war mir ziemlich sicher, dass die Leute, die uns drei beim Betreten des Hotels gesehen hatten, uns für Prostituierte halten mussten, die dafür bekannt waren, in diesem Etablissement regelmäßig zu verkehren.

Rachel und Ntando schlenderten in die Hotelhalle.

Ich sicherte mir den Schlüssel.

Township-Musik vermischte sich mit dem Gelalle Betrunkener, lautem, aufdringlichem Gelächter und Zigarettenqualm. Das Foyer, wie es genannt wurde, glich eher einer Bar, einem Ort, an dem Prostituierte begannen, ihre Kunden zu unterhalten und gleichzeitig andere anzulocken.

»Macht fuffzehn Dollar«, sagte Rajah. Ich las seinen Namen auf der Brusttasche seiner durchschwitzten Uniform. Aus meinem Portemonnaie zog ich einen zerfledderten Zwanzig-Dollar-Schein. Ich hielt ihm den Geldschein entgegen und vermied sorgfältig jeglichen Augenkontakt, indem ich den Niednagel an meinem Daumen studierte. Seine gelben, blutunterlaufenen Augen tasteten mein Gesicht und meine Brust ab, als er sich den Zwanziger schnappte.

Im Gegenzug legte er den Schlüssel, an dem ein kleines Pappschild befestigt war, in meine Hand. Mit einem schwarzen Filzstift hatte man darauf eine 33 gekritzelt. Dabei strich er mit seiner schwitzigen Hand absichtlich über meine. Seine andere Hand blieb hinter dem Tresen. Ich stellte mir vor, wie er an sich herumspielte, weil dauernd das Geräusch klimpernder Schlüssel zu hören war.

Plötzlich grabschte er nach meiner Hand, sah mich direkt an und sagte: »Du bis sehr schön, Mann. Würd dich gern mal nackisch in der Dusch sehn, vielleicht . . . « Bevor er zu Ende sprechen konnte, explodierte hinter dem Vorhang wütend eine schrille Frauenstimme in einem unverständlichen Dialekt. Mit rotem, aufgedunsenen Gesicht schrie er etwas in derselben Sprache zurück, verschwand hinter dem Vorhang und sagte der Frau auf Englisch, dass er von ihrem Essen die Nase gestrichen voll hätte.

Ich ergriff die Chance zur Flucht, vergaß dabei mein Wechselgeld und lief schnell ins Foyer. Ich fand Rachel und Ntando an der Bar, wo sie nervös rauchten und Cola tranken. Eine dritte Cola stand unberührt vor einem leeren Stuhl.

»Ich wusste nicht, was du wolltest, deshalb hab ich dir eine Cola bestellt«, sagte Rachel, ohne von der Theke aufzuschauen.

Ich wusste, dass sie eine Heidenangst hatte. Wenn ich sie nicht so gut kennen würde, hätte ich das allerdings nie bemerkt. In den ganzen 14 Jahren, die ich sie kenne, habe ich sie nicht einmal weinen sehen. Selbst als ihr kleiner Bruder zwei Jahre zuvor bei einem Unfall mit Fahrerflucht getötet worden war, hatte sie keine einzige Träne vergossen.

Ntando hatten wir erst vor wenigen Tagen getroffen. Wir haben sie durch Tanya gefunden, mit der wir Jahre zuvor in der High School befreundet waren. Obwohl sie jünger als wir war, war sie immer mit uns ausgegangen. Ich mochte Ntando nicht. Von ihr ging eine Nervosität aus, die es einem schwer machte, ihr zu vertrauen. In unserer Situation hatten wir jedoch keine andere Wahl. Wir hatten kein Geld, und wir waren verzweifelt. Ich glaube, dass Tanya eine der besten Kundinnen von Ntando war; in den letzten drei Jahren dürfte sie sie mindestens fünfmal gebraucht haben.

»Du musst viel trinken«, sagte Ntando zu Rachel. Rachel schaute Ntando an und nahm dann einen langen Zug aus ihrer Zigarette.

Wir tranken schweigend. Die Cola schmeckte wie Zuckerwasser. Rachel zündete mit ihrer ersten Zigarette eine weitere an. Sie trommelte mit den Fingern auf den Tisch.

»Trink einen Schluck Brandy, um deine Nerven zu beruhigen«, schlug ich vor.

Beim Barkeeper, einem jungen Mann in unserem Alter mit ungekämmtem Haar und schrecklich schielenden Augen, bestellten wir zwei Brandys.

»Zehn Dollar«, sagte er zu Rachel und sah mich dabei an.

»Das letzte Mal, als ich Brandy getrunken habe, muss auf Seans Party gewesen sein«, sagte Rachel, als sie dem Barkeeper einen Zehn-Dollar-Schein gab.

»Weißt du nicht mehr, wie wir letztes Wochenende diese Flasche am Pool geleert haben?«, fragte ich und versuchte aufmunternd zu klingen. Ich hatte den Eindruck, dass ihre Angst zu vorübergehenden Gedächtnisausfällen geführt hatte.

»Das war kein Brandy«, antwortete Rachel und kippte ihren Drink herunter. »Das hier ist Brandy. Das Zeug, das du letzte Woche mitgebracht hast, hat wie die Pisse deiner Großmutter geschmeckt«, fügte sie noch hinzu, als sie das leere Glas auf die Theke knallte und mich grinsend ansah.

Ich glaube, sie hat doch nichts vergessen. Ich war dafür bekannt, billigen Fusel zu kaufen, und habe die Folgen häufig mit schrecklichen Kopfschmerzen und dem erbarmungslosen Spott meiner Partyfreunde bezahlt.

»Ach, Rachel, Mann, lass meine Oma aus dem Spiel. Wie willst du wissen, wonach ihre Pisse schmeckt?«, antwortete ich mit gespieltem Ärger. Vielleicht machte ich mir zu viele Gedanken um sie.

»Hey, Schielauge, zwei Bier«, schrie eine dürre Prostituierte und wedelte mit einem brandneuen Hundert-Dollar-Schein über Ntandos Kopf hinweg. Sie saß auf dem Schoß eines dicken Mannes und schnippte von Zeit zu Zeit seine Zigarettenasche auf den Boden.

»Was für 'ne Sorte?«, fragte der Barkeeper in Richtung der Prostituierten und guckte dabei Rachels Haare an.

»Castle«, antwortete sie. Sie trug ein enges, knapp sitzendes Minikleid, dass die kleine Wölbung ihrer winzigen Brüste und die eckige Form ihres knochigen Hinterns betonte.

Jemand drückte von hinten gegen mich, und ich bekam Brandy in die Nase. Wasser stieg mir in die Augen, und ich war blind vor Tränen. Ich hörte, wie sich zwei Männer in einer Mischung aus Ndebele und Englisch miteinander stritten.

»Ich bring dich um!«, grölte der dicke Mann direkt hinter mir. Mein Herz setzte kurz aus, und ich schaute zu Schielauge hoch, der ein neugieriges Grinsen zur Schau trug. Sein Gesicht war in Richtung der Streitenden gewandt, und seine Augen spiegelten das aufregende Drama wider und schienen zugleich auf meine Stirn fixiert zu sein.

Ich drehte mich zu Rachel und Ntando um. »Lasst uns gehen«, sagte ich und sah auf die Uhr. »Wir haben noch 45 Minuten.«

Während wir uns dem Ausgang näherten, hörten wir zersplitterndes Glas, als der dicke Mann rückwärts durch einen niedrigen Tisch in der Halle krachte. Die Knöpfe an seinem Hemd waren aufgesprungen, und sein dicker, wabbeliger, fleischiger Bauch quoll heraus. Sein Fleisch schlug Falten, als er sich nach dem Sturz aufrichtete. Dann war er in der Menge verschwunden.

Rachel und Ntando folgten mir durch den dunklen, schmalen Flur, der zu unserem Zimmer führte. Wir gingen schweigend. Das Chaos an der Bar war nur noch sehr gedämpft zu hören, und das Geräusch von Ntandos Plastikeinkaufstasche, die bei jedem unserer Schritte raschelte, übertönte alles.

Zimmer 33 lag am Ende des langen Korridors. Es wirkte gar nicht so unfreundlich, wie ich erwartet hatte. Es gab ein schmales Einzelbett mit frischer Bettwäsche. In der Ecke war ein Waschbecken, und saubere Handtücher hingen auf einem Ständer daneben. Das Fenster ging zur Gasse hin, wo die Kinder Eisenbahn gespielt hatten. Sie war nun menschenleer. Ich zog die Gardine zu.

Ntando schraubte das Gehäuse eines *Eversharp*-Kugelschreibers ab, holte eine große Tüte mit rosafarbenen Wattebäuschen aus ihrer Tasche und legte alles auf das Bett. Ihre ganze Haltung änderte sich. Die nervöse Energie war gewichen, und sie wirkte nun sehr entschieden und bestimmt. Das war beruhigend.

Später verstand ich ihre Nervosität. Diese hatte nichts damit zu tun, dass sie ihren Job nicht beherrschte, wie ich vermutet hatte, sondern mit der Angst, erwischt zu werden. Sie hatte als Hilfsschwester im Krankenhaus gearbeitet und bei dem Eingriff Hunderte Male zugeschaut – es gab keinen Zweifel, dass sie wusste, was sie tat.

»Zieh deine Unterhose aus«, sagte sie.

Rachel zog sie aus und schleuderte sie neben ihr Portemonnaie. Dann löste sie den zusammengefalteten Stoff, der eng um ihre Taille gebunden war. Einige Wochen zuvor war mir die leichte Wölbung um ihre Taille aufgefallen, und ich hatte ihr geraten, diese eng zu schnüren, da sie das Baby sowieso nicht behalten wollte.

Ntando breitete eines der Handtücher über der Tagesdecke aus und bedeutete Rachel, ihren Rock hochzuziehen und sich auf das Handtuch zu legen. Mir war ziemlich übel, als ich die Tür abschloss. Ich stellte den einzigen Stuhl, den es im Zimmer gab, davor und setzte mich.

Von da aus konnte ich Rachels Hinterkopf sehen und ihre nackten Oberschenkel. Ntando schien zwischen Rachels Beinen hervorzutauchen.

Während ich noch darüber nachdachte, ob ich im Zimmer bleiben sollte oder nicht, hörten wir, dass jemand sich mit Schlüsseln an der Tür zu schaffen machte. Wir schauten uns alle an und zitterten. Wenn das die Polizei war, würden wir alle für mindestens zehn Jahre ins Gefängnis wandern. Sicherlich würde die Polizei die Tür aber nicht mit einem Schlüssel öffnen, sondern dagegen donnern und uns auffordern, aufzumachen. Vielleicht war es der Mann von der Rezeption. Ich riss die nunmehr unverschlossene Tür auf und sah in die erschrockenen Gesichter eines Mannes und einer Frau.

»Was machen Sie da?«, fragte ich ärgerlich und trat in den Flur hinaus.

»Das ist unser Zimmer«, sagte der Mann mit amerikanischem Akzent ruhig.

»Das muss eine Verwechslung sein«, sagte ich und zeigte ihnen unseren Schlüssel.

»Warum passiert das immer uns?«, seufzte die Frau und ließ ihren Rucksack verärgert auf den Boden fallen. Ich bemerkte ihre roten, von der Sonne verbrannten Schultern. Sie trug ein weißes Unterhemd und keinen BH. Hippies, vermutete ich.

»Nun, wir werden innerhalb der nächsten Stunde oder so auschecken. Ich schlage vor, sie gehen runter und sprechen mit dem Mann vom Empfang«, sagte ich so höflich, wie ich konnte. »Sie wissen doch, wie in diesen billigen Hotels gearbeitet wird«, fügte ich hinzu und versuchte, so freundlich wie möglich zu klingen.

»Yeah«, antwortete der Typ und schob sich eine lose Haarsträhne hinters Ohr. »Ich nehme an, man kriegt, was man bezahlt.«

Ich hörte, wie sie in ihren Birkenstock-Sandalen die Treppe runterschlurften, dann ging ich ins Zimmer zurück.

Da es mir jetzt besser ging, machte ich es mir auf meinem Stuhl bequem und dachte an Rachels Baby in ihr drin. Ohne Rücksicht auf das, was jetzt geschehen würde. Es war fast vier Monate alt. Der Arzt hatte gesagt, dass es ein Mädchen sei und ziemlich lebhaft. Es war ein ausländischer Arzt – ein Deutscher, glaube ich. Erst meinte er, er würde es tun, dann wollte er nicht mehr, behielt aber die 2 000 Dollar, die wir bezahlt hatten, und drohte uns mit der Polizei.

»Mach deine Beine breit«, sagte Ntando selbstsicher, ausgerüstet mit Wattetupfer und Kugelschreibergehäuse. Sie steckte zwei Finger in Rachel hinein und tastete nach dem Baby. Ich hasste die Vorstellung von Fingern, die in mich hineingesteckt werden; das erinnerte mich an Besuche beim Frauenarzt, der allerdings Handschuhe benutzte.

»Ah, da ist es«, sagte sie und zog die Finger heraus und schob stattdessen den Kugelschreiber rein.

»Es will abhauen!«, rief sie aus und fuhrwerkte mit dem Kugelschreiber weiter in Rachel herum, die ziemlich entspannt wirkte.

»Tut dir das nicht weh?«, fragte ich.

»Nein«, antwortete Rachel ruhig, »ich merke überhaupt nichts.«

Plötzlich zog Ntando ihre Finger aus Rachel heraus.

»Was ist los?«, fragten wir beide alarmiert.

»Es hat mich getreten«, antwortete sie ungläubig.

»Hey, sie hat einen Dickkopf«, sagte Rachel leise kichernd.

»Ja«, sagte ich, »ganz wie die Mutter.«

»Natürlich, was hast du denn erwartet?«, sagte Rachel stolz. Ntando lächelte und schob den Kugelschreiber wieder in Rachel hinein.

Nachdem sie einige Minuten lang in Rachel herumgestochert hatte, bekam sie zu fassen, wonach sie gesucht hatte, und begann es mit dem Kugelschreiber zu traktieren. Jedes Mal, wenn sie zustach, biss sie sich auf die Unterlippe und verdrehte die Augen. Mir wurde ganz schwach. Meine Hände zitterten, und meine Beine fühlten sich wackelig an. Ich kniete mich ans Ende des Bettes und strich über Rachels Haar – es war dick und weich und roch nach Kokosnuss.

»Du wirst in ein, zwei Stunden eine Blutung bekommen«, sagte Ntando und reichte Rachel ein Stück Baumwolle. »Nimm das schon mal und tu das in deine Unterhose, es könnte bald losgehen. Wenn du anfängst zu bluten, geh in ein Krankenhaus und erzähl ihnen, du hättest eine Fehlgeburt«, instruierte sie Rachel.

Als wir zurück ins Foyer gingen, wirkte der Flur viel enger als zuvor. In der Halle war viel los. Es war nach fünf, und alle drängten sich in der Bar, um sich nach der Arbeit einen Drink zu genehmigen. Die amerikanischen Touristen wirkten in diesem Durcheinander fehl am Platz. Die Frau saß weinend auf ihrem Rucksack, während der Mann mit dem Rezeptionisten diskutierte.

Die Strahlen der untergehenden Sonne schienen durch die hohen Eingangstüren und betonten die rauchigen Schattenrisse der brennenden Zigaretten, während Staubpartikel glitzerten und über allem tanzten, als wir uns durch die Menge drängten.

Ich vergaß absichtlich, den Schlüssel abzugeben. Der Inder hatte doch bereits mehr als einen Schlüssel für das Zimmer, oder nicht? Und außerdem schuldete er mir noch fünf Dollar Wechselgeld fürs Zimmer. Als wir endlich draußen waren, warf ich den Schlüssel in den Abfalleimer.

Wir verabschiedeten uns von Ntando, die wieder nervös wirkte und schnell im Rushhour-Getümmel verschwand. Die müde aussehende Frau hatte sich inzwischen von ihrer Zeitung erhoben und wirkte ein wenig energiegeladener; ihre Kleider flatterten leicht in einer sanften Brise, ihre Hauptgeschäftszeit begann. Das Baby schlief auf ihrem Rücken, festgebunden in ein altes verblichenes Handtuch. Ihre beiden älteren Kinder waren aus der Gasse gekommen und erbettelten Geld von Prostituierten und deren Kunden. Rachel zündete sich eine Zigarette an, und schweigend überquerten wir die Straße in Richtung Bahnhof, wo meine Mutter parkte und darauf wartete, dass wir aus Harare eintrafen.

Als wir uns dem Wagen näherten, sah ich, dass sie in eine Zeitung vertieft war. Ich klopfte an die Scheibe. Sie schaute überrascht auf und kurbelte sie dann herunter.

»Unser Zug ist zu früh angekommen, Mummy, deshalb sind wir noch ins Hotel rübergegangen und haben was getrunken«, sagte ich sofort. »Ich hoffe, du musstest nicht zu lange warten«, fügte ich schnell hinzu.

»Nein, alles in Ordnung. Ich bin gerade erst angekommen«, sagte sie und wandte sich wieder ihrer Zeitung zu.

»Wir müssen noch reingehen und unsere Taschen holen, Mummy«, sagte ich und schaute Rachel an, die hinter mir auf dem Bordstein stand. »Wir sind gleich wieder da.« Ich drehte mich um und ging mit Rachel in das Bahnhofsgebäude.

Rachel hatte den Schlüssel für das Schließfach, in dem wir frühmorgens unsere Taschen deponiert hatten. Sie fischte den Schlüssel aus ihrem Portemonnaie, blickte zu mir hoch und lächelte; seitdem wir uns von Ntando verabschiedet hatten, hatte sie noch kein Wort gesagt.

»Sisa, du machst dir zu viele Sorgen«, sagte sie, steckte den Schlüssel ins Schloss und fummelte daran herum.

»Rachel, bist du high oder was?«, fragte ich und war ziemlich wütend über ihre coole Haltung allem gegenüber.

Sie sah mich an und lachte. »Du nimmst das Leben zu ernst, Mädchen«, meinte sie, und ihr Gesicht wurde ernster. »Wenn du so weitermachst, hast du mit 25 ein Magengeschwür.«

Sie zog unsere beiden Rucksäcke heraus und warf mir meinen zu.

»Lass uns gehen«, sagte sie.

»Okay, aber du bleibst heute Nacht bei uns.«

»Nur wenn wir uns einen Film ausleihen.«

»Abgemacht.«

»Sind wir so weit?«, unterbrach Mummy meine Gedanken und legte ihre Zeitung beiseite.

»Ja, Mummy«, seufzte ich. »Aber können wir auf dem Heimweg noch am Videoladen halten?« Ich schaute mich zu Rachel um, deren Lächeln mir meine Unsicherheit nahm. Ich war froh, dass sie diese Nacht bei uns bleiben wollte – wenn sie anfangen sollte zu bluten, könnten wir sie wenigstens ins Krankenhaus bringen. Ihre Familie besaß kein Auto. Außerdem war ihre Mutter in einem ziemlich labilen Zustand, seitdem Rachels Vater vor wenigen Monaten gestorben war.

In dieser Nacht bekam Rachel Krämpfe, während meine Familie völlig vertieft war in einen alten Kung-Fu-Film. Als ich in die Küche ging, um ihr Aspirin zu holen, stand sie auf und ging ins Bad. Nachdem sie schon über zwanzig Minuten dort drin war, wollte ich nachsehen, ob sie okay war.

Sie war es nicht. Das Badezimmer war voller Wasserdampf und die Dusche lief. Eine Blutspur zog sich von der Toilette bis zur Duschkabine. Ihre Kleidung türmte sich im Becken, aus dem rosa gefärbtes Wasser lief. Ich stieg über die offene Toilettenschüssel hinweg und würgte beim Anblick der Blutklumpen, die wie kleine Leberstückchen aussahen. Dann ging ich rüber zur Dusche.

»Rachel«, rief ich über das Rauschen des fließenden Wassers hinweg. »Wie geht es dir?«

»Sisa«, antwortete sie schwach. »Ich glaube, ich muss ins Krankenhaus. Mann, hier ist so viel Blut.« Sie schnalzte wütend durch die Zähne.

»Oh, mein Gott«, flüsterte ich. Ich stürzte aus dem Badezimmer und ließ die Tür offen.

Ich rannte durch die Diele in mein Zimmer; ich spürte mein Herz in den Ohren klopfen. Verzweifelt stellte ich mir vor, was ich Mummy sagen würde. Ich schnappte mir ein Handtuch, einige saubere Kleidungsstücke und eine Packung Binden. Auf meinem Weg zurück durch die Diele zum Bad stieß ich mit meiner jüngeren Schwester Lindani zusammen und warf sie um. Zu Tode erschrocken blickte sie zu mir hoch. Ich hatte die Badezimmertür offen gelassen, und sie muss all das Blut gesehen haben. Über meine Schulter hinweg fuhr ich sie an: »Geh und sag Mummy, dass wir Rachel ins Krankenhaus bringen müssen.«

Sie murmelte eine Antwort, während ich ins Bad zurückhastete.

Rachel war immer noch nicht aus der Dusche gekommen.

»Rachel!«, schrie ich und klopfte gegen die Tür der Dusche. Ich schlug so oft mit der Faust dagegen, bis die Tür nachgab und aufsprang.

Rachel lag zusammengerollt auf dem Boden und hielt sich ihren Bauch, die Augen fest geschlossen. Das Wasser prasselte auf ihren nackten Körper und schwemmte eine Blutspur in den Abfluss. Ich stellte schnell die Dusche ab und stieg in die Kabine, um ihr aufzuhelfen. Da war Blut, so viel Blut: die Klumpen, die dunklen, fleischigen Klumpen.

Ganz offensichtlich war sie geschwächt, trotzdem gelang es ihr, langsam aufzustehen, während ich ein Handtuch um sie wickelte. Dann führte ich sie zur Toilette und sagte ihr, sie sollte sich setzen, während ich die Packung mit den Binden aufriss und eine in ihre saubere Unterhose stopfte. Dann half ich ihr, sich anzuziehen.

Nachdem die Dusche abgestellt war, konnte ich die Fernsehgeräusche aus dem Wohnzimmer hören. Eine chinesische Symphonie erklang, während ich das Blut vom Boden aufwischte und Rachel half, ihre Kleider anzuziehen. Die Musik hörte auf. Ich war erledigt. Es klopfte an der Tür.

»Sisa?« Das war Mummy. »Schatz, was ist da drin los?«

Mir war, als wäre ich in einem Film, als wäre alles unwirklich. Ich wünschte, dass alles wäre nicht geschehen. Ich wollte, dass nichts von alledem jemals passiert wäre. Ich wollte wieder Kind sein. Ich hatte meine Mutter angelogen und konnte es nicht mehr abstreiten.

Ich öffnete die Tür und sah in ihr besorgtes Gesicht.

»Was geht hier vor?«, fragte sie, ihre Stimme klang jetzt aufgeregter.

»Wir müssen ins Krankenhaus«, sagte ich und schluchzte erstickt. »Rachel blutet. Sie hatte eine Fehlgeburt.«

Ich kaute an den Nägeln, als ich mit meiner Mutter sprach.

Ich erzählte ihr von Ntando, dabei biss ich die harte, lästige Haut an meinen Fingernägeln ab.

Ich erzählte ihr von dem Schweigegeld, während ich an meinem Zeigefinger knabberte.

Ich erzählte ihr von der vorgetäuschten Reise und biss auf den Nagel meines kleinen Fingers.

Aber ich sah ihr in die Augen und weinte, als ich ihr von der Abtreibung erzählte.

Anna Dao
Eine perfekte Ehefrau

Das Wort war ohne Vorwarnung hereingefegt worden. Es überraschte jeden und sorgte überall für Neugierde, Kummer, Konsterniertheit, Verwirrung, Aufregung und Erschütterung. Am Anfang war es auf leises Bettgeflüster spät in der Nacht beschränkt, nur für die Ohren des Liebsten bestimmt und mit der dringenden Empfehlung, es geheim zu halten. Keiner wusste, wie es geschehen konnte, aber das Wort war entwichen und unten auf der Marktstraße gefunden worden, wo es in verschleiernden Ausdrücken gegen das nachdrückliche Versprechen, es niemals herauszulassen, preisgegeben wurde. Dann wanderte es weiter unter den Schatten eines Mangobaums, an den Rand eines Brunnens, wo energisch versichert wurde, dass man niemals damit hausieren gehen würde. Es spazierte über die Türschwellen der Familien und bahnte sich seinen Weg in die Küchen. Und am Ende standen immer Schwüre und Beteuerungen, dass es nicht das leiseste Schlupfloch geben würde. Schließlich war es müde, und es wurde gesehen, wie es unter einen Palaver-Baum kroch, wo es nur noch leise geflüstert wurde und dann erstarb beim Anblick unbekannter Schatten.

Wie der Frühlingsregen hatte es das ganze Land durchquert. Es wurde wohl überlegt und sorgsam abgewogen und immer mit der gleichen nicht endenden flehentlichen Ermahnung verteilt: »Vor allem behalte es für dich. Lass es niemals heraus.« Und doch hatte es sich verbreitet wie Rauch, und es zerrüttete und störte das Leben der Menschen in der Stadt, in der ganzen Gegend. Und jetzt, nach Monaten der Anspannung, Überlegungen, Vermutungen, Unterstellungen und Spekulationen verlor das Wort schließlich seine Illegalität, es wurde öffentlich verkündet und offiziell zur neuesten Nachricht.

Mit lauten Fanfarenstößen und lautem Tam-Tam verkündete die Besatzungsmacht* der versammelten Menge, dass in den Ländern jenseits der salzigen Gewässer der Dialog von Pulver und Feuer soeben aufgenommen worden war. Um ihr bedrohtes Territorium zu verteidigen, müssten die rechtschaffenen Leute des besetzten Landes ihre mutigen jungen Männer hergeben, die ihnen sonst bei ihrer Arbeit auf den Feldern halfen.

Krieg! Das Wort war jetzt offiziell geworden. Von jetzt an war er eine Tatsache. Angst hing wie eine dicke Regenwolke am Himmel, bereit, sich jeden Moment zu entleeren. Kam herunter und schlug ihnen ins Gesicht. Ein vereinigtes stilles Gebet war plötzlich als dröhnender Aufschrei zu vernehmen: »Krieg! *Soubahanalai!* Gott helfe uns! Schütze uns!« Die Ältesten wussten, die Frauen verstanden, und die Jugend würde es bald herausfinden.

*

Sira war zwölf Jahre alt. Sie war erst seit zwei Monaten verheiratet, sie konnte sich nicht vorstellen, welchen Aufruhr

---

* Gemeint ist die französische Kolonialmacht. Zur Zeit des Ersten Weltkrieges war eine große Anzahl westafrikanischer Länder von Frankreich besetzt. Dazu gehörte auch Mali, damals bekannt unter dem Namen »Französisch-Sudan«. In Mali begann das militärische Eindringen oder die aufgezwungene Kolonisierung um 1890 und endete am 22. September 1969, als die letzten französischen Soldaten das Land verließen und Mali unabhängig wurde.

diese Erklärung in ihrem Leben verursachen würde. Von Astou Koue, Idrissa Keitas erster Frau, ausgesucht, war Sira mit ihm verheiratet worden. Sie sollte das bringen, was eine 15-jährige glückliche Ehe nicht vermocht hatte: Kinder.

Ein Jahr zuvor hatte Astou den Griot* Sekouba Kouyate um Rat gefragt. Sie bat ihn, sich unter den ehrenwerten Familien in der Nachbarschaft umzusehen und ein Mädchen zu finden, das kein Kind mehr war, um ihre Mitfrau zu werden und den Platz in Idrissas Bett mit ihr zu teilen. Um die schwierige Aufgabe, die ihm anvertraut worden war, zu erfüllen, nämlich ein junges Mädchen zu finden, das nicht nur die perfekte Ehefrau für Idrissa wäre, sondern auch wusste, wie sie Astou ihren »angemessenen Anteil Wasser«** zukommen lassen musste.

Sekouba Kouyate beschloss, allen Mädchen im heiratsfähigen Alter heimlich zu folgen und sie auszuspionieren. In den folgenden Tagen traf der *Griot* sie dann »zufällig« am frühen Morgen auf ihrem Weg zum Markt, als sie Gewürze einkaufen gingen, oder am Fluss, als sie die Wäsche der Familie wuschen. Gegen zehn Uhr ging er dann zu ihnen nach Hause, um seinen Durst zu löschen und bei einer Kolanuss den neuesten Klatsch mit einem der Ältesten des Hauses auszutauschen, während er heimlich jede Geste und Bewegung des Mädchens beim Verrichten der Hausarbeit beobachtete.

So schloss er eine nach der anderen aus: die faulen Mädchen, jene, die mit gesenktem Blick gingen, jene mit lan-

---

* Sprecher der Gemeinschaft mit spiritueller Autorität
** Der »angemessene Anteil Wasser« meint den Respekt, der dieser Person gebührt.

gem dünnen Hals* und auch diejenigen mit hemmungslosen Lachanfällen sowie Mädchen mit jähzornigen Vätern oder streitsüchtigen Müttern.

Nach und nach grenzte der *Griot* die potenziellen Kandidatinnen ein, und schon bald hatte er eine kurze Liste von Mädchen zusammen, unter denen auch Sira war. Sekouba Kouyate mochte sie nicht nur, weil sie liebenswürdig, fügsam und zurückhaltend war, sondern auch weil ihr Vater, Oumar Keita, ein bekannter und respektierter Mann in der Gemeinde war. Ihre Mutter, Mariam Coulibaly, darin waren sich alle einig, war eine freundliche, umgängliche und hilfsbereite Frau, deren Zunge wie eine Nadel benutzt wurde, um Konflikte zwischen Familienmitgliedern, aber auch Probleme mit den Nachbarn zu flicken. Außerdem war es von Bedeutung, dass Sira einen großen Mund hatte.**

Dazu kam, dass beide Familien sich kannten und gegenseitig respektieren, da sie beide von der Keita-Linie abstammten und mit Soundiata, einem berühmten Krieger, einen gemeinsamen Vorfahren hatten. So stand einer Vereinigung der beiden Haushalte nichts im Wege.

Sekouba Kouyate erstattete Astou Bericht über seine Nachforschungen und seine Auswahl; diese wiederum gab die Worte des *Griot* an ihren Mann Idrissa weiter. Der stimmte zu und war einverstanden, Sira einen Heiratsantrag zu machen.

Und so kam es, dass Sekou Kouyate eines Abends, nachdem er sein *Safo*-Gebet gesprochen hatte, Siras Vater seine Aufwartung machte. Nach der üblichen Begrüßungszere-

---

* Nach dem Aberglauben schaut oder streckt eine Frau, die auf den Boden schaut oder einen langen dünnen Hals hat, ihren Hals in Richtung des Grabes ihres Mannes oder zukünftigen Verlobten.
** Ein großer oder breiter Mund ist ein Zeichen von Glück.

monie bat der Patriarch Oumar Keita, ihm den Grund für seinen Besuch zu nennen. Sekouba Kouyate offenbarte, dass er als Bote von Idrissa Keita und Sali Traore geschickt worden war, um seine Stimme zu erheben und nachzufragen, ob das liebenswerte und begehrte Juwel, genannt Sira, ihren »Hals schon versprochen«* hatte oder ob er sie bitten dürfte, Kandidatin zu werden und Kolanüsse zu bringen?

Oumar Keita lächelte und antwortete, er sei nicht die richtige Person, um diese Frage zu beantworten. Der *Griot* möge sich an seinen jüngeren Bruder Fatogoma wenden, den Vater des Kindes.** Dann rief er einen seiner Söhne und forderte ihn auf, den *Griot* zum Haus seines Bruders zu bringen.

Fatogoma bat den *Griot* herein, hörte ihm zu und erklärte, da er nicht Siras einziger Vater sei, brauche er noch Zeit, um nachzudenken und mit den anderen zu beraten, wie man auf diese Bewerbung antworten solle.***

---

* verlobt

** In der Tradition Malis werden die leiblichen Eltern der Kinder privat von anderen Familienmitgliedern gefragt, aber sie haben kein Recht, eine aktive oder sichtbare Rolle zu spielen bei der Organisation der Hochzeitszeremonien ihres Nachwuchses. Sie teilen weder die Kolanüsse, noch nehmen sie den Brautpreis an. Die Onkel väterlicherseits und Mütter mütterlicherseits des Kindes sind diejenigen, die als seine oder ihre Eltern angesehen werden, mit allen elterlichen Rechten und Pflichten. Sie sind diejenigen, die die Hochzeit ausrichten. In der Gesellschaft von Mali gehört das Kind nicht demjenigen, der es auf die Welt brachte, sondern der ganzen Gemeinschaft.

*** Bevor man entscheidet, das Angebot von Kolanüssen eines Bewerbers anzunehmen oder abzulehnen, bitten die Familien üblicherweise um einen Zeitraum von ein paar Tagen, um das Angebot unter sich zu besprechen, die leiblichen Eltern gemeinsam mit den »Vätern« und »Müttern«. So finden sie heraus, ob es noch andere Bewerber gibt, ob es noch weiterer Nachforschungen bedarf, und sie versuchen, mehr Informationen über die Familie des Bewerbers herauszufinden (Herkunft, Ansehen etc.). Selbst für ein Paar, das schon bei der Geburt verlobt wurde, kann die Heirat nicht stattfinden, bevor

Einen Monat später betrat ein nervöser Sekouba Kouyate ein zweites Mal Fatogomas Hütte, wo man ihm zu seiner großen Erleichterung mitteilte, er könne seinen Herrn Idrissa bitten, die Kolanüsse zu bringen.*

Sobald diese angenommen waren und der Brautpreis** festgesetzt und bezahlt worden war, wurde die Heirat zwischen Idrissa und Sira stilvoll gefeiert.

*

Zu der lärmenden Blechkapelle und den Trommeln wurde ihnen mitgeteilt, wie notwendig ihre Teilnahme an diesem Säbelrasseln, das ihnen völlig fremd vorkam, war – wie erzwungen und gezwungen diese auch sein mochte. »Sie«, die Leute, die Gastfreundschaft hatten walten lassen und »Besucher« willkommen geheißen hatten, nur um zu erfahren, dass diese sich ihnen aufdrängten, ja sich ihrer

---

das Mädchen nicht seine erste Periode hat (zwischen zehn und dreizehn Jahren). Erst dann kann es seine Familie verlassen, um seinen Platz im Haus des Ehemanns einzunehmen.

* Das ist dann die erste von drei Kolanüssen, die der *Griot* eine nach der anderen bei drei verschiedenen Gelegenheiten bringt und die die drei Stufen des offiziellen Heiratsantrags darstellen. Drei sehr große Kolanüsse, sodass jeder Vater ein Stück davon haben kann. Die erste Kolanuss verkündet die Kandidatur des zukünftigen Verlobten. Indem sie sie akzeptiert, zeigt die Familie der Braut, dass es keine anderen Bewerber gibt und dass sie ihn all den anderen vorzieht. Bei der zweiten Kolanuss betont der Bewerber, dass er es ernst meint mit dem Wunsch, deren Tochter zu heiraten. Indem sie sie akzeptiert, erteilt ihm die Familie die Erlaubnis. Die dritte Kolanuss dient dann dazu, den Heiratsantrag zu bestätigen ebenso wie die Zustimmung der Brautfamilien. Erst nachdem die dritte Kolanuss angenommen wurde, wird die junge Dame offiziell darüber informiert, dass sie jetzt verlobt ist.

** Nachdem sie die dritte Kolanuss angenommen haben, holen die Väter die Mütter zusammen, um sie nach der Art des Brautpreises zu befragen sowie nach den Bräuchen und Traditionen, die zu respektieren sind.

entledigten, sich von ihnen fern hielten und sie beiseite stellten, wurden jetzt aufgerufen und gezwungen, die ängstlichen und nervösen Kolonisatoren zu verteidigen. Der Kolonisator, der Angst hatte vor dem gleichen Schicksal, das er einst über sie gebracht hatte, forderte jetzt »ihren« Beistand, sie sollten helfen, einen neuen Eindringling wegzujagen und fern zu halten, der drohte, einzumarschieren und ihm seine Heimat, seine Geschichte und seine Frau wegzunehmen. Um sie dazu zu bringen, das zu akzeptieren, was ihnen angeboten wurde, sich einfach damit zufrieden zu geben, fortzugehen und sich töten zu lassen, weit weg von ihrem Land, schickte der »undankbare Besucher« ihnen einige von ihren eigenen Leuten.

Die rechtschaffenen Leute wurde von ihren *Griots* besucht, ihren Vätern, ihren Häuptlingen, ihren Ältesten, ihren Weisen und ihren Priestern.

Der Eroberer hatte den *Griots* aufgetragen, die Leute an ihre glorreiche Vergangenheit zu erinnern, sodass sie, weil sie sich geschmeichelt fühlten, angespornt und angestachelt wurden, nur noch ans Kämpfen denken und davon träumen würden. Den Weisen und den Priestern wurde befohlen, ihnen zu erklären und sie davon zu überzeugen, dass ihre täglichen Gebete zusammen mit den Opfergaben ihrer Familien ausreichen würden, um ihre sichere Rückkehr nach Hause zu gewährleisten.

Die Ältesten und Väter wurden zusammengetrieben und in Kenntnis gesetzt über den Nutzen und die bescheidenen Vorteile, die ihren Familien gewährt würden, und über die Ehre und das Ansehen, das diejenigen erwartete, deren Söhne loszögen, um für ein solch nobles Unterfangen zu kämpfen. Die jungen tapferen Männer antworteten auf die Aufrufe des Eroberers, dem vorübergehenden Herrn ihrer

Länder, und auf die ihrer *Griots*, ihrer Ältesten, Weisen und Priester mit »anwesend« und brachen dann auf.

Sie brachen auf, und in ihren Ohren klangen noch die Gesänge und Reden der *Griots* über die großen Leistungen ihrer Vorfahren: heroische Taten, die keine Angst, kein Desertieren oder absichtliches Verstümmeln* zuließen. Sie brachen auf voller Stolz und waren glücklich, dienen zu dürfen, auch wenn das bedeutete, einem unbekannten Land zur Seite zu stehen, welches, so war ihnen plötzlich mitgeteilt worden, jetzt Teil ihrer Heimat war.

Sie brachen auf, weil sie gute Söhne waren, die nicht gelernt hatten, ihren Vätern zu widersprechen.

Sie brachen auf, weil man ihnen ihr ganzes Leben lang beigebracht hatte, ihre Ältesten, ihre Häuptlinge und ihre Weisen zu respektieren und ihnen niemals zu widersprechen. Jene, die sich nicht meldeten, wurden entführt und eingezogen. Manchmal am helllichten Tag von der Straße weg, manchmal in ihren Dörfern, und manchmal saßen sie einfach nur zu Hause, wurden der Landstreicherei bezichtigt und endeten gegen ihren Willen als Soldaten. Ob sie sich freiwillig meldeten, eingezogen oder einfach zusammengetrieben wurden – sie alle landeten vor einer Gruppe von Männern, die dafür zuständig waren, sie zu testen und diejenigen auszuwählen, die sie für tauglich befanden. Der Test sortierte die Schwächlinge, die Kränklichen, die Schmächtigen und die Hänflinge aus. Einige von ihnen

---

* Während der Mobilisierung gab es Regionen, in denen Familien ihre Söhne nicht aufgeben wollten. Also reichte man den jungen Männern vor der Rekrutierung Zaubertränke, die entweder dazu führten, dass ihre Sexualorgane anschwollen oder die sie ernsthaft krank erscheinen ließen, wenn sie zur medizinischen Untersuchung gingen. Diese Leute wurden dann ausgemustert.

waren beleidigt, weil sie aus solch banalen Gründen zurückgewiesen worden waren, und protestierten, manche schworen sogar, Selbstmord zu begehen, wenn sie nicht genommen würden.

Idrissa Keita meldete sich freiwillig, und nachdem er alle notwendigen Tests bestanden hatte, gehörte er zu der Gruppe privilegierter Männer, die in den Krieg zogen, um jene zu schützen und zu verteidigen, die sie in ihrem eigenen Land zu Gefangenen gemacht hatten.

Als Idrissas nahender Aufbruch zu fremden Ufern jenseits des Meeres bekannt wurde, waren alle seine Frauen, Schwestern und Brüder damit beschäftigt, um Gottes Gnade zu beten, damit seine heile Rückkehr gewährleistet sei. Sie befragten immer wieder die Sterne, ließen Kaurimuscheln lesen und baten Wahrsager, herauszufinden, welches Opfer sich am besten eigne, um den Willen der unsichtbaren Kräfte zu beugen, damit sie ihm Schutz gewährten.

Idrissa trank gehorsam die manchmal süßen, manchmal bitteren Heiltränke, die seine Schwestern ihm brachten, schluckte das stark riechende und farbenfrohe Gebräu, ohne nachzufragen. Er rieb geduldig seine Haut ein mit all den Lotionen, die seine Brüder ihm gaben, und ohne zu husten verbrannte und besprenkelte er sich mit den vielen Pülverchen und Wurzeln, die seine beiden wunderbaren Ehefrauen vor ihn hinlegten. Er war behängt mit den Talismännern, die jede von ihnen für ihn besorgt hatte. Es wurden große Platten voller Essen hergerichtet und an die weniger Glücklichen verteilt. In der Nachbarmoschee wurden spezielle Gebete für ihn gesprochen und für all diejenigen, die – so wie er – »konfisziert« worden waren, um fortgeschickt zu werden.

Ein paar Tage vor seiner Abreise rief Idrissa seine Brüder Lamine und Jabril in sein Schlafzimmer zu einem letzten Gespräch, das bis in die frühen Morgenstunden dauerte. In dieser Nacht teilte er einem jeden von ihnen die Rolle zu, die er an seiner Stelle übernehmen musste. Lamine, der Bruder, der ihm vom Alter her am nächsten kam, wurde zum verantwortlichen Oberhaupt der Familie bestimmt. Er war nun derjenige, der alle Entscheidungen zu treffen und sicherzustellen hatte, dass die Bedürfnisse der Familie befriedigt wurden. Jabril, der Jüngste, konnte ein bisschen lesen und schreiben, und so bekam er als Aufgabe, Idrissas monatliches Gehalt abzuholen, das er dann an Lamine weitergeben musste. Dieser sollte die eine Hälfte zwischen Astou und Sira aufteilen und die andere Hälfte als Haushaltsgeld behalten.

Danach ging Idrissa zu seinen fünf Schwestern, um sich zu verabschieden. Dann setzte er sich zu seinen beiden Frauen und bat sie, »den Weg frei zu geben«*, und sie mussten ihm versprechen, sich umeinander zu kümmern. Mit Tränen in den Augen stimmten Astou und Sira allem zu, was er sagte. Schließlich ging er zu denjenigen, die dabei gewesen waren, als er auf die Welt kam. Und dort verabschiedete er sich von seinen Müttern und Schwestern, dann kniete er vor seinen Vätern nieder, um sich von ihnen segnen zu lassen. Während er sich vor jedem Ältesten verbeugte, spürte Idrissa mit zugeschnürter Kehle, wie deren

---

* Ein Reisender muss immer symbolisch seine Familie und die ihm Nahestehenden um Erlaubnis für seine Abreise fragen. Auf die Bitte folgt gegenseitiges Verzeihen aller Fehler. Da niemand weiß, was ihn erwartet, und auch nicht, wer von seinen Lieben noch da sein wird, wenn er zurückkommt, muss er sein Leben in Ordnung bringen, bevor er auf Reisen geht. Diese Tradition wird auch heute noch sehr respektiert.

raue Hände zitterten, als sie ihm diese auf den Kopf legten. Mit zitternder Stimme wünschten sie ihm *Baraka*, viel Glück, und eine sichere Rückkehr, während gleichzeitig etwas in ihrem tiefsten Inneren ihnen immer wieder wie auf einer zerkratzten Schallplatte sagte, dass sie niemals wieder zusammenkommen würden.

Die befürchtete Stunde kam. Feste wurden veranstaltet, sodass das Tam-Tam, begleitet vom Singen und Tanzen, all das Seufzen und das Stampfen der angehenden Krieger überdeckte, die traurigen Gesänge der Frauen dämpfte, das Weinen der verlassenen Kinder übertönte und vom krächzenden Schluchzen der Ältesten ablenkte, die dabei waren, die unerbittlichen Wassertropfen zu zerquetschen, die einfach nicht aus ihren Augenwinkeln heraus wollten, indem sie von Zeit zu Zeit rasch die Enden ihrer Ärmel hochnahmen. Dem Schlagen des Tam-Tam folgten die Soldaten ins Lager, wo ihnen einige Grundlagen des militärischen Lebens beigebracht wurden. Es gab weitere Feierlichkeiten auf ihrem Weg zum Bahnhof, von wo ein Zug sie zu ihrem nächsten Ziel brachte – einem Hafen. Dort wurden ein- bis zweitausend Mann gleichzeitig in ein Schiff gepfercht, für die Überfahrt über die salzigen Gewässer. Die Reise endete nach zehn Tagen, als Idrissa und seine Gefährten am Ufer des Landes ankamen, das sie nun verteidigen mussten.

Nach ihrer Ankunft bekamen die Söhne der Wüste genau die Uniformen verpasst, die auch ihre Gastgeber trugen. Anstelle von Helmen bekam jedoch jeder Mann einen hübschen farbenprächtigen Fez, der ihn an seine Heimat erinnern sollte. Sie bekamen auch riesige überdimensionierte Schuhe, die extra für sie angefertigt worden waren, aber sie rutschten mit ihren armen kleinen Füßen darin hin und her.

Da man sie darauf hingewiesen hatte, dass lange Tages-
märsche die Füße der ankommenden Truppen anschwel-
len lassen würden, waren die Schuhmacher nach langem
Nachdenken und vielen Überlegungen zu dem Schluss gekommen, dass wenn das Laufen die Füße breiter machte,
es sie höchstwahrscheinlich auch länger machte. Überzeugt von der Logik ihrer Schlussfolgerung nahmen die guten Männer ihre Arbeit auf und fertigten riesige, klobige
Kampfstiefel, in denen die schlanken Füße der Soldaten
hin- und herrutschten. So herausgeputzt wurden die Kinder der Tropen an die Front gesandt, wo sie die tödliche
Kombination aus kaltem Wetter und Kanonenschüssen ertragen mussten.

Auch wenn das Familienoberhaupt weg war, pendelte
sich das Leben doch wieder in seinem Rhythmus aus Ge-
burten und Sterbefällen, Säen, Ernten und Kochtagen* ein.
Mit dem monatlichen Sold kamen auch die Informations-
propaganda, ausgewählt und verbreitet von der Besatzungsmacht, die Gerüchte, die keiner für sich behalten
konnte, und natürlich Briefe von Idrissa.

Wie die meisten seiner Kameraden, die nicht lesen und
schreiben konnten, übergab Idrissa seine Korrespondenz
an einen der jungen gebildeten Soldaten, der in seiner Frei-
zeit zu ihrem Briefeschreiber wurde. Jeder Brief hatte den
gleichen Anfang: »Ich schreibe euch, um euch meine Neuigkeiten mitzuteilen. Es geht mir gut, was ich auch von euch
hoffe. Hier ist alles in Ordnung.« Und dann war das Blatt
leer – absolut leer. Was gab es noch zu sagen? Wo sollte er

---

* In polygamen Familien werden die Kochtage gleichmäßig unter den
Frauen aufgeteilt. Normalerweise kocht jede Frau an zwei aufeinander
folgenden Tagen, an denen sie auch das Bett mit ihrem Mann teilt.

anfangen? Welche Worte könnte er finden, um den alltäglichen Horror zu beschreiben, zu dem ihr Leben geworden war? Zu Tausenden waren sie aus allen Teilen Afrikas herangeschifft worden, und sie waren nur Schachfiguren, ersetz- und austauschbare Bauern, die geopfert wurden, um das Blutvergießen der »Besseren« zu verhindern – jener anderen Menschen, deren nützliche, wertvolle Existenz es verdiente, verteidigt, geschützt und gerettet zu werden.

Sie waren dazu verurteilt, endlos lange Qualen in den Schützengräben auszuhalten, sie verbrachten Tage bei eisigem Regenwetter mit geschwollenen und wund gescheuerten Füßen, die in Stiefel eingesperrt waren, die nur für sie entworfen worden waren. Sie taten ihr Bestes, die verheerenden, vernichtenden Angriffe des Feindes zu parieren und ihnen zu widerstehen, wobei eine nicht unerhebliche Anzahl von ihnen alltäglich ausgelöscht wurde. Um den fliegenden Kugeln zu entkommen, stapelten sie Leichname zu Barrieren auf und versteckten sich dahinter. Es gab so viele durchlöcherte zerfetzte Körper und so viele Leichen von denen, die aufgegeben hatten und von Krankheiten aufgezehrt worden waren: die sterblichen Überreste der armen Seelen, die sie, weil sie die Zeit nicht hatten, nicht einmal begraben konnten und deren Zorn später zu ihnen kommen würde, um sie zu verfolgen und ihnen den Schlaf zu rauben.

Um nicht den Verstand zu verlieren, versammelten sie sich und hockten zusammen, wann immer sie konnten. Um nicht zu frieren, kauerten sie sich, dicht aneinander gedrängt, saßen stundenlang aneinander gelehnt und wärmten ihre Körper und ihre Herzen, indem sie von ihren Ländern erzählten, ihren Familien und all den Dingen, die sie tun wollten, sollten sie es jemals wieder bis nach Hause schaffen.

Jabril las der Familie immer die wenigen Zeilen, aus denen normalerweise Idrissas Briefe bestanden, vor. Beruhigt verbrachten Astou und Sira Abend für Abend zusammen, spannen Baumwolle und sprachen über ihn. Astou redete endlos, und Sira wurde nicht müde zuzuhören; sie sog alles auf, was ihr erzählt wurde. Zunächst war Astou misstrauisch gewesen und hatte nicht gewusst, was sie sagen durfte oder was sie besser für sich behielt. Aber schon bald hatte sie Sira ins Herz geschlossen, ein fröhliches, reizendes Mädchen, das immer bereit war, Astou Gesellschaft zu leisten, selbst wenn diese das gar nicht unbedingt wollte: Sira, das Mädchen, das der *Griot* empfohlen hatte, das Mädchen, dass sie sich für Idrissa gewünscht hatte. Astou war sicher, dass Sira, ihre Mitfrau, ihr immer ihren angemessenen Anteil Wasser zukommen lassen würde, selbst wenn sie Idrissas Kinder bekäme. Ganz allmählich öffnete sich Astou ihrer aufmerksamen Nebenfrau Sira, die so, ohne es zu wissen, den Mann, der ebenfalls ihr Ehemann war, besser kennen und lieben lernte.

Während sie ihre Vergangenheit offen legte und Sira davon erzählte, blickte Astou zurück und durchlebte noch einmal, wie sie Idrissas Frau geworden war. Idrissa war ein Teil des Haushalts gewesen, ein Sohn des Hauses, ein Kindheitsfreund ihrer älteren Brüder, und sie hatten zusammen »die Hosen angezogen«*. Sie hatte ihn also von klein auf

* Beschneidungszeremonie. Es war üblich, dass die Jungen etwa im Alter von 15 beschnitten wurden. Alle Jugendlichen einer Altersgruppe, die im gleichen Jahr geboren waren, wurden zusammen am gleichen Tag beschnitten. Die Familien der Jungen taten sich ein Jahr vorher zusammen, um das Ereignis vorzubereiten. Es ist ein großes Fest, mit dem der Eintritt der Jungen in das Mannesalter begangen wird.

gekannt. Er war immer da gewesen, immer bereit, ihr zu helfen und sie anzulächeln. Immer, wenn sie sich über den Weg liefen, wenn sie hinter der Gruppe von Jungen herging, zwinkerten sich ihre Brüder und die anderen zu und fingen an zu lachen. Sie riefen dann: »Hey, Jungs, aus dem Weg! Hier kommt Idrissas Frau.« Dann mussten sie so lachen, dass sie sich die Bäuche hielten, während Idrissa verlegen und schweigend in den Staub trat oder gegen einen imaginären Stein. Astou blickte dann verwirrt zu Boden, ging einen Schritt schneller und beeilte sich zu verschwinden.

Mit der Zeit wuchs Astou heran, ihre Figur änderte sich, und sie bekam neue Rundungen. Als sie das Alter erreicht hatte, in dem man um ihre Hand anhalten konnte, ging Idrissa, der bereit war und ungeduldig darauf wartete zu heiraten, zu seinem Lieblingsvater. Er bat ihn, den *Griot* mit Kolanüssen anzutreiben, bevor jemand anders ihm zuvorkäme und ihm seine Geliebte für immer wegnähme. Der Vater des ungestümen Liebenden war amüsiert, dennoch nahm er sich die Zeit, sich mit den anderen Familienmitgliedern zu beraten, bevor er seine Abgesandten losschickte, um Astous Eltern um die Freigabe ihrer Tochter für seinen Sohn Idrissa zu bitten. Die Erlaubnis wurde erteilt und die Verbindung mit Freude besiegelt.

Die beiden Frauen sprachen über den Krieg. Sira hatte Angst, dass sie den Mann, den sie entdeckt und durch die Worte ihrer Mitfrau lieben gelernt hatte, nie mehr wieder sehen würde. Obwohl sie besorgt war und Siras Befürchtungen teilte, war Astou vor allem eifersüchtig, dass ihre Rivalin so frei über ihre Gefühle sprechen konnte. »Die hat Nerven«, dachte sie. »Wie kann sie es wagen, sich die gleichen Sorgen um meinen Idrissa zu machen wie ich?«

Tage, Monate und Jahre vergingen, unterbrochen von der Rückkehr einiger weniger kranker und verstümmelter Männer, den Wehklagen der Eltern, die erfahren hatten, dass ihre Söhne für »tot« oder »vermisst« erklärt worden waren, und der wachsenden Liebe zweier Frauen für den abwesenden Idrissa.

Und ganz plötzlich, wie aus dem Nichts, kam das Gerücht an Land, zog weiter ins Landesinnere und verbreitete sich wie ein Lauffeuer. Dann wurde es bestätigt, und aus dem Gerücht wurde Wahrheit: Der Krieg war vorbei. Die Männer kamen nach Hause. Manche waren noch ganz, viele von ihnen waren jedoch nur noch halbe Menschen mit zerstörten Gesichtern und ausgemergelten Körpern. Andere, die gestraft waren mit vielfältigen Kräften, die in ihnen stritten, waren verstört und verrückt* geworden. Jetzt waren sie alle wieder vereint, und als erst einmal die Euphorie über die Heimkehr vorbei vor, fanden viele es schwierig, sich wieder anzupassen und sich unter diejenigen zu mischen, die gelernt hatten, ohne sie zurechtzukommen.

Eines Morgens putzten und lüfteten Astou und Sira zusammen Idrissas Schlafzimmer. Sie lachten und sangen bei der Arbeit und übersahen dabei das wissende Lächeln, das ihre Schwäger austauschten, und auch die zweideutigen Blicke ihrer Schwägerinnen. Sie übersahen das Geflüster

---

* In der Tradition Malis gibt es einen Kontrast zwischen der »Person«, die der menschliche Körper ist, und »den Personen der Person«, die man auch »Doppel« oder »Kräfte« nennt – gemeint ist die Psyche, die Seele. Der menschliche Körper ist der Tempel und der Ort, wo all diese oft widersprüchlichen Kräfte zusammentreffen. Krankheiten sind das Ergebnis von zu viel Unruhe unter den Kräften und ein Verlust an Kontrolle des Körpers, der sie nicht mehr bei sich behalten kann. Wenn Störungen nicht ausgelagert werden, werden sie zu inneren Problemen (wie zum Beispiel Depressionen, Geisteskrankheit oder Wahnsinn).

ihrer Onkel und Tanten und das Grinsen auf den Gesichtern der Ältesten und Nachbarn, die alle zusammengekommen waren wegen der lang erwarteten Ankunft von Idrissa. Lamine, Jabril und ein paar enge Freunde waren bereits zum Bahnhof gegangen, um ihn zu begrüßen.

Als die Stunden vergingen, rückten Sorge, Zweifel, Unmut und Verstörung an die Stelle von freudiger Erregung. Eine Vorahnung, dass irgendetwas nicht stimmte, kam auf, wurde aber sofort unterdrückt von Ausreden, die von aufgebrachten Gemütern erfunden wurden, die stur daran glauben wollten, dass nichts passiert sein konnte.

Und plötzlich tauchte er auf – der Imam betrat den Hof, gefolgt von ein paar Weisen. Ihre ernsten Gesichter brachten alle zum Schweigen. Man bot ihnen schnell einen Platz an und gab ihnen Wasser zum Trinken, sodass sie gleich die Worte sagen konnten, die sie zu überbringen hatten. Sira setzte sich. Astou hatte weiche Knie, in ihrem Kopf drehte sich alles, und sie blieb unbeweglich stehen. Der Gottesmann trank, sprach seinen Dank aus, räusperte sich und erklärte mit gesenktem Blick: »Was Gott uns gibt, nimmt Er wann und wo Er will.«

Astou wurde es schwindlig, ihr Kopf war leer. Sie glitt zu Boden. Hände griffen nach ihr und setzten sie auf die Matte neben Sira. Männer nahmen ihre Gebetsketten auf. Man hörte das Murmeln von *»A ka dogo Allah ye«*[*], während Idrissas Schwestern und Nachbarinnen erste Schreie des Unglaubens, der Verzweiflung und Wut ausstießen.

Tot! Von uns gegangen! Idrissa hatte, ohne dass sie davon wussten, seinen Teil des Salzes gegessen, seinen Teil des

---

[*] »Alles was geschieht, ist winzig im Vergleich zu Gott.« Diese Formel wird benutzt, um unsere Hilflosigkeit zu erklären, wenn wir mit unserem Schicksal konfrontiert sind.

Wassers getrunken. Während sie die Vorbereitungen für die Feier seiner Rückkehr getroffen hatten, war er gegangen, um in Frieden zu ruhen. Wie betäubt hörte Sira zu und verstand. Langsam strömten ihr die Tränen die Wangen herunter. Wie ein verwundetes Tier kreischte, stampfte und würgte Astou. Ihr Schmerz wurde jedes Mal aufs Neue angefacht, wenn sie das Wehklagen ihrer Schwägerinnen und der anderen Frauen hörte.

Nun, da sie die Nachricht überbracht hatten, erhob sich der Imam mit seinem Gefolge und ging. Astou und Sira wurden in Idrissas Schlafzimmer gebracht, einen Raum, den sie wenige Stunden zuvor so liebevoll hergerichtet hatten und den sie nun betraten, um für die nächsten 132 Tage isoliert zu werden.* Sie wurden nebeneinander auf die beiden Matten auf dem Boden gelegt. Gemäß der Tradition sangen dann ihre Schwägerinnen ihre Lobpreisungen, während sie ihre Zöpfe aufmachten.** Nach dem Ritual wurden Astou und Sira gebadet, und man händigte ihnen die Trauerkleidung aus.***

---

* 132 Tage oder vier Monate und zehn Tage. Während dieser Zeit dürfen die Witwen ihr Zuhause nicht verlassen. Diese Zeit der Isolation ermöglicht es auch zu bestimmen, ob eine der Witwen schwanger war zum Zeitpunkt des Todes ihres Ehemanns.

** Beim Tod des Ehemanns öffnen seine Schwestern das Haar der Witwe, und während sie das tun, trösten sie die Ehefrauen, erinnern sie an alle guten Taten. Sie geloben, die Aufgaben ihres dahingeschiedenen Bruders zu übernehmen, und versprechen, sie so zu unterstützen und ihnen so zu helfen, wie er es getan hätte. Das geschieht natürlich nur, wenn die Beziehung zwischen den Ehefrauen und der Familie ihres Mannes gut gewesen ist.

*** Die Trauerkluft einer Witwe besteht aus einem Lendentuch, einem *Mini Boubou*, eine Art langes Oberteil und einem langen Tuch, das ihren Kopf komplett bedeckt. Die Kleider sind aus Baumwolle, die in einem bestimmten Blau eingefärbt wurde, das nur für Witwen verwendet wird.

Idrissas Kameraden kamen und kondolierten. Einige waren sprachlos, erschüttert bis ins Mark. Sie wollten absolut nicht begreifen und akzeptieren, was geschehen war. Aber es gab andere, die versuchten, auszudrücken und in Worte zu fassen, was geschehen war, weil sie wussten, wie seine Familie nach Einzelheiten hungerte und nach mehr Wissen dürstete. Sie versuchten zu beschreiben und webten Wortgespinste zusammen, die durchsetzt waren mit langen Pausen, da sie weder wussten, wann noch wie sie aufhören sollten. Erst durch ihre Wörter und Erklärungen, die eifersüchtig gesammelt und bewahrt wurden, konnte die Familie die Ironie von Idrissas tragischem Ende verstehen.

Der Krieg war vorbei, Idrissa war nicht verletzt worden. Zusammen mit vielen verwundeten Infanteristen hatte er sich auf einem Boot eingeschifft für die zweiwöchige Reise, die sie näher an ihre Heimat bringen sollte. Idrissa brannte darauf, zurückzukehren, Astou und Sira zu sehen. Er sehnte sich nach Astou, der er von seinem Martyrium erzählen und eingehend von seinen Momenten der Angst berichten würde. Astou, an die er sich anschmiegen würde, um die lästigen Dämonen, die ihn heimsuchten, abzuwehren und zu verscheuchen. Astou, der schon etwas einfallen würde, um seine Seele zu beruhigen und ihn von seinen unsichtbaren Verfolgern zu befreien.

Und dann war da noch Sira, die ihn kraft ihrer Jugend wieder beleben und aufmuntern würde und mit der er schließlich noch die Freuden der Vaterschaft erleben würde.

Idrissa hatte es geschafft bis zu den tropischen Ufern und dem nahe gelegenen Bahnhof. Zwei Tage später sollte er mit dem Zug nach Hause fahren. Am Abend vor der Rückkehr in ihre Heimatorte gingen Idrissa und seine Kameraden noch einmal hinaus, um die Größe des salzigen Gewässers zu bewundern und ihre Lungen mit dieser ganz besonderen Luft zu füllen. Mit geschlossenen Augen und zitternd vor Dankbarkeit priesen sie den Himmel und die verborgenen Kräfte, die sie beschützt hatten. Wie die Kinder schleuderten sie ihre Armeestiefel von sich und gruben ihre Zehen in den nassen Sand. Die Sonne ging gerade unter, als sie genug hatten und es Zeit war, zurückzugehen.

Sie hatten sich erst ein kurzes Stück vom Wasser entfernt, als ein gellender Schrei in der Stille ertönte, der ihre Füße sofort die Richtung wechseln ließ. Sie rannten zurück und suchten alles ab. Dann schrie einer laut auf und zeigte mit dem Finger auf den Horizont, wo sich etwas bewegte. Das Ding tauchte auf, schaukelte, kam immer wieder hoch, verschwand, tauchte von Neuem wieder auf. Idrissa vergaß, dass er überhaupt nicht schwimmen konnte, und eilte hin zu der kämpfenden, um sich schlagenden Hand, die blindlings und verzweifelt nach einem Halt suchte. Er erreichte den verzweifelten Mann, der ihn zu sich zog und seine Arme um ihn klammerte. Der Mann drückte Idrissa immer fester und fester an sich, bis Idrissa keine Luft mehr bekam. Mit ausgebreiteten Armen wurden sie dann herumgewirbelt. Sie tauchten auf, hochgedrückt von den Wassermengen, und sanken dann wieder. Immer und immer wieder kamen sie an die Oberfläche und wurden immer weiter weggetragen von der wütenden See, die sie als Gefangene genommen hatte. Als das Wasser sich schließlich beruhigt hatte, trennten sanfte Wellen die beiden Männer und brachten Idrissa zurück ans Ufer, sie ließen ab von seinem ertrunkenen, leblosen Körper und deponierten ihn zu Füßen seiner vor Schreck erstarrten Freunde.

Noch am gleichen Tag wuschen und ölten unbekannte Hände ihn, wickelten ihn in sieben Meter weißes Perkal*, das Geschenk einer mitfühlenden Seele. So vorbereitet wurde Idrissa von seinen Freunden zum Friedhof getragen, wo er zur letzten Ruhe gebettet wurde.

Jene, die zum Bahnhof gekommen waren, um ihn abzuholen, waren unterwegs aufgehalten und zum Bürgermeister gebracht worden, der informiert worden war und die schwierige Aufgabe hatte, ihnen die Nachricht zu übermitteln.

Der Imam, sein Gefolge und die heimgekehrten Soldaten kamen am Nachmittag, um mit der Gemeinde für den ewigen Frieden des Verstorbenen zu beten. Die Gottesmänner baten Idrissas Frauen und all jene, die ihn gekannt oder ihm nahe gestanden hatten, dem Mann, der sie verlassen hatte, zu vergeben.

> Wütend vergaben sie.
> Hilflos vergaben sie.
> Voller Trauer vergaben sie.
> Zornig und bitter vergaben sie.
> Aus Tagen wurden Wochen und aus Wochen Monate.

In dieser Zeit lebten die beiden Frauen zusammen, abgeschnitten vom Rest der Welt. Ihre Freundschaft blühte wie nie zuvor, und ihre gegenseitige Abhängigkeit wurde noch größer. Sie wälzten sich vor Trauer, heulten und wurden halb verrückt. Sie teilten die Trauer, das Essen, die Fragen,

---

* Das ist die einzige Kleidung, die bei der Beerdigung eines Moslem erlaubt ist.

den Groll, die Leere und die Einsamkeit. Wenn Astou schluchzte, tröstete und beruhigte Sira sie. Sie zog sie an sich, hielt sie und wiegte sie, bis Astou schließlich vor Erschöpfung einschlief.

Vier Monate und zehn Tage lang tröstete und kümmerte sich Sira um Astou, neben den Strömen von Besuchern, die kamen und gingen, von alten Zeiten erzählten, lachten und weinten. Sie passte auf ihre Mitfrau auf, zwang sie zu essen, sich zu erinnern und zu sprechen. Und ganz allmählich kam Astou wieder ins Leben zurück und erzählte Sira vom letzten Teil ihres Zusammenlebens mit Idrissa. Die Jahre voller Freude und Sehnsucht, als sie alles versucht hatten, ein Baby zu bekommen. Sie erzählte von der Ernährung, den Gebeten und den Almosen, die sie gegeben hatten – und immer wieder nichts. Astous Bauch blieb leer. Schließlich gab sie die Hoffnung auf, Idrissa noch ein Kind schenken zu können, und gewöhnte sich an den Gedanken, ihn zu teilen. Idrissa wollte erst nicht. Selbst nachdem sie die Idee einer Mitfrau, die Idrissa Kinder schenken sollte, akzeptiert hatte, wollte er noch warten und probieren. Erst auf ihr Beharren hin war er schließlich damit einverstanden, eine zweite Frau zu nehmen unter der Bedingung, dass sie, Astou, eine Braut für ihn aussuchen würde. Da ihr das unangenehm war und sie nicht wusste, wie sie es anstellen sollte, hatte Astou Sekouba Kouyate um Hilfe gebeten.

Nach den vier Monaten und zehn Tagen tauschten Astou und Sira ihre Trauerkleidung gegen eine neue Ausstattung ein, die sie von Idrissas Familie geschenkt bekamen. Sie besuchten alle Familienmitglieder und engen Freunde, die gekommen waren, um ihnen in der Trauerzeit beizustehen.* Dann gingen Astou und Sira jeweils zum Haus ihres Vaters, um »die letzten Tränen für den Toten zu begraben«.**

Als sie zurückkamen, versammelte sich die Familie, um über ihre Zukunft zu entscheiden. Lamine, Jabril und Idrissas fünf Schwestern wollten, dass sie blieben. Sie gehörten zur Familie. Lamine hatte zwei Frauen, aber er bot an, Astou als dritte zu nehmen. Jabril hatte nur eine Frau und wollte Sira heiraten. Astou wollte bleiben, aber ohne wieder zu heiraten, und Sira war einverstanden, ein neues Leben mit Jabril zu beginnen.

Neun Jahre später und nach fünf Fehlstarts, an denen »die Babys gefallen waren«*** wachte eine hocherfreute Astou über eine erschöpfte, hochschwangere Sira, die ausgelaugt war von sieben Monaten erzwungener Ruhe und dem kleinen Fremden, das sich ständig in ihr bewegt und gedreht hatte. Astou scherzte, sie sei ziemlich sicher, dass das erwartete glückliche Ereignis ein Mädchen würde.

»Wenn das stimmt«, antwortete Sira, »ist wohl klar, nach wem es benannt werden wird.«

Astou tat beleidigt und fragte, was Sira damit meinte. Bezog sie sich etwa auf sie?

Sira antwortete schnell: »Nein, nein«, und murmelte dann in sich hinein. »Wer sonst ist in diesem Haus ist fast genauso schwierig?«

»Ich hab's gehört«, rief Astou aus. Sie lachten.

---

  * Nach der Trauerzeit müssen die Witwen alle Familienmitglieder und engen Freunde, die für sie da waren, besuchen und sich bedanken.

  ** Um die Trauerzeit offiziell zu beenden, müssen die Witwen den Ort der Trauer für ein paar Tage verlassen und dann wiederkommen.

*** Dieser Ausdruck bedeutet Fehlgeburt.

Astou wartete nicht mehr. Ein paar Tage später ging sie fort, schlich auf Zehenspitzen hinaus, um niemanden zu stören. Sie verschied im Sitzen auf ihrer Matte am Ende ihres Morgengebets, nachdem sie sich bei dem, der sie gerufen hatte, vergewissert hatte, dass Sira sie nicht mehr länger brauchte. Sira würde zurechtkommen und könne von nun an ohne sie weitermachen. Astou lächelte, stieß einen Seufzer der Erleichterung aus und ging dann zu dem, der zu ihr gekommen war: Idrissa.

Zwei Monate und drei Tage später kam ein Mädchen zur Welt. Sira lächelte zufrieden.

Um ihr Versprechen zu halten und ihre Freundschaft zu ehren, aber auch um die Erinnerung wach zu halten und dem Neugeborenen eine Identität zu geben, beschlossen Sira und ihre Verwandten, dass das Kind nur einen Namen tragen könne. So würden sie sich jedes Mal, wenn sie sie riefen, an diejenige erinnern, die sie verlassen hatte. Später würde Sira ihrer Tochter Astou von ihrer anderen Mutter erzählen, die sie geliebt und über sie gewacht hatte, aber nicht mehr länger bleiben konnte, um auf ihre Ankunft zu warten. Sie würde Astou liebevoll in allen Einzelheiten beschreiben, sodass das Kind deren Vorzüge annehmen und sie zu seinen eigenen machen würde.

Am siebten Tag nach seiner Geburt nahm der alte Sekouba Kouyate das Neugeborene in die Arme und flüsterte mit Tränen in den Augen dreimal in ihr rechtes und dann dreimal in ihr linkes Ohr: »Dein Name ist Astou. Dein Name ist Astou. Dein Name ist Astou.«

Milly Jafta
Die Heimkehr

Der Bus hielt an, und alle Passagiere stürzten so schnell sie konnten hinaus. Es war Freitag, Wochenende, das Ende des Monats, das Ende des Jahres, und die Fahrt von Windhoek in den Norden des Landes war heiß und unendlich lang gewesen. Im Gegensatz zu früher blieb ich auf meinem Platz sitzen, bis sich der Bus geleert hatte. Dann suchte ich meine Sachen zusammen und ging zur Tür. Durch das Fenster konnte ich sehen, wie Maria sich vordrängelte, um meine beiden Koffer an sich zu nehmen.

Die Hitze der späten Nachmittagssonne schlug mir entgegen, als ich ausstieg. Die Wärme draußen war eine andere als die menschliche Hitze, die ich im Bus gespürt hatte. Jetzt schien der Geruch nach Schweiß und zu stark gewürztem Fastfood bereits weit weg zu sein. Der vertraute Geruch von Fleisch, das zu lange in der Sonne gelegen hatte, stieg mir in die Nase. Ich konnte sogar das Summen der metallic-grünen Fliegen hören, die das Fleisch, das von den Ästen und den improvisierten Ständen herabhing, umkreisten und darauf landeten. Kreisten und landeten, kreisten und landeten . . . Straßenhändler und Käufer waren eifrig dabei, an diesem Tag ihre letzten Geschäfte zu machen. Die Luft war mit Erwartung angefüllt.

Maria beugte sich zu mir und küsste mich auf den Mund – eine trockene, gefühllose Geste. Sie lächelte, hob den größeren der beiden Koffer hoch und setzte ihn auf ihren Kopf. Dann begann sie, vor mir her zu laufen. Ich hob den anderen Koffer hoch, platzierte ihn auf meinem Kopf und legte meine beiden Hände ins Kreuz, um mich abzustützen. Schließlich folgte ich ihr. Ich sah Marias geraden Rücken, die stolze Art, in der sie ihren Kopf hielt, und die bestimmte Art, in der sie ging. Wie schön der ungebrochene menschliche Geist ist. Ich überlegte verzweifelt, was ich sagen konnte, aber ich fand keine Worte. Mir gingen viele Gedanken durch den Kopf, doch mein Mund blieb geschlossen und leer. So setzten wir unseren Weg schweigend fort, diese Fremde – meine Tochter – und ich.

So war das also. Mein Nachhausekommen. Was hatte ich erwartet? Sollte das ganze Dorf zusammenlaufen, um die lange verlorene Tochter zu feiern, die jetzt nach Hause zurückkehrte? Wie lange war es her? Vierzig Jahre? Es musste ungefähr vierzig Jahre her sein. Wie ich doch jedes Zeitgefühl verloren hatte. Wie konnte man von mir erwarten, ein Zeitgefühl zu bewahren, wenn nur ich in einem fremden Land mein eigener Maßstab war? Als ich Samen säte, aber nie die Gelegenheit hatte, sie aufgehen und wachsen zu sehen, Kinder gebar, aber sie nie aufwachsen sah ... als ich mich in einer fremden Sprache verständigen musste ... lernen musste, wie ein elektrischer Kessel funktionierte, wie und wann ein Herd ausgestellt werden musste, dass man Fremden nicht die Tür aufmacht, und dass man nicht jeden, den man trifft, mit Handschlag begrüßt.

Ich versuchte, nicht auf die lange staubige Straße vor uns zu schauen. Es gab ja auch nichts Besonderes zu sehen. Alles schien unfruchtbar und leer zu sein. Kein Baum, kein Gras, nur der ausgedehnte braun-orange Boden um uns herum. Die letzten Sonnenstrahlen ließen ihn in goldenem Licht erglänzen. Ich bin mir sicher, das dies ein wunderbares Bild geben würde: wir beide, die wir mit meinem Gepäck auf unseren Köpfen hintereinander herlaufen, wie Schattenrisse im Gegenlicht der untergehenden Sonne. Einmal sah ich im Dezember ein großes Bild wie dieses, allerdings mit einer Giraffe. Ich erinnere mich, wie ich dastand, es anschaute und mich einen Augenblick lang nach dem Geruch der Felder nach einem Regenguss sehnte. Aber ich war in Swakopmund mit meiner *Miesies*, meiner Herrin, und ihrer Familie, als sie ihre Ruhe brauchte. Es war Ferienzeit, Familienzeit, und doch war ich ohne eigene Familie, so wie den ganzen Rest des Jahres und die meiste Zeit in meinem Erwachsenenleben.

Jetzt hat sich alles geändert. Ich bin auf dem Weg nach Hause. Ich gehe auf demselben Weg, auf dem ich viele Jahre zuvor gegangen war. Nur war ich damals erst siebzehn, und mein Blick war nach vorne gerichtet. Ein junges Mädchen war fortgegangen und nun – nach vierzig Jahren, drei Kindern und ein paar Besuchen im Dorf – ist eine alte Frau auf ihrem Weg zurück nach Hause. Eine alte Frau, deren Augen auf den Boden geheftet sind.

Meine Tochter, die Fremde, hielt plötzlich inne. Sie drehte sich um und sah mich fragend an. Ich begriff, dass sie auf eine Antwort oder irgendeine Reaktion gewartet haben musste. Ich war so in meinen Gedanken versunken, dass ich keine Vorstellung davon hatte, was sie von mir erwartete. Ich hatte allerdings nie eine Vorstellung davon gehabt, was meine Kinder im Moment brauchten. Mit ihrer ruhigen Stimme wiederholte sie ihre Frage; sie wollte wissen, ob sie mir zu schnell ging. Lieber Gott, wie freundlich. Ich wurde gefragt, ob ich Schritt halten konnte. Man sagte mir nicht, ich solle schneller gehen, dass ich keine Männer in meinem Zimmer empfangen dürfe, dass ich früher aufstehen müsse, dass ich aufmerksamer sein solle, dass ich den Hund waschen solle... Ich war überwältigt. Tränen stiegen mir in die Augen. Meine Kehle war wie zugeschnürt, aber mein Geist war beflügelt. Die Fremde, meine Tochter, nahm den Koffer von ihrem Kopf und stellte ihn neben sich auf den Boden. Dann half sie mir, auch meinen Koffer vom Kopf zu nehmen und stellte ihn neben den ihren.

»Lass uns uns eine Weile ausruhen«, meinte sie sanft. Nachdem wir uns nebeneinander auf die Koffer gesetzt hatten, sagte sie: »Es tut so gut, dich zu Hause zu haben.«

Wir saßen da in vollkommener Stille, nur das Zirpen einiger Grillen erfüllte die Luft. Ich war nie so zufrieden gewesen, nie ruhiger gestimmt. Ich blickte die Fremde an und sah meine Tochter. Da wusste ich, dass ich nach Hause gekommen war. Ich zählte. Ich war mit der Frucht meines Leibes zusammen. Ich hatte diese Frucht wachsen lassen. Ich sah an meinem ausgelaugten, missbrauchten Körper herunter und dachte an die Erde, die immer wieder so schöne Blumen hervorbrachte.

»Wir müssen jetzt gehen. Alle sind gespannt, dich zu sehen«, sagte Maria und stand auf. »Geh du voraus. Du bestimmst das Tempo, ich folge dir.«

Ich ging vor Maria auf dem engen Weg, mit geradem Rücken, den Blick nach vorne gerichtet. Ich hatte es eilig, nach Hause zu kommen.

Über die Autorinnen und
die Herausgeberin

Leila Aboulela, geboren 1964 in Kairo, ist halb Ägypterin und halb Sudanesin. Sie wuchs auf in Khartoum, wo sie 1995 die Universität abschloss. Anschließend studierte sie an der London School of Economics. Zusammen mit ihrem Mann und ihren drei Kindern lebt sie heute in Jakarta. Leila Aboulela hat unter anderem Geschichten für die BBC geschrieben. Für ihre in der vorliegenden Anthologie veröffentlichte Kurzgeschichte »Das Museum« erhielt sie im Jahr 2000 den erstmalig vergebenen Caine Prize im Jahr 2000. Ihr erster Roman *The Translator* liegt auch in deutscher Übersetzung vor (*Die Übersetzerin*, 2001), die Kurzgeschichtensammlung *Coloured Lights* wird 2002 auf Deutsch erscheinen.

Ama Ata Aidoo wurde 1942 in Zentralghana geboren. 1964 machte sie ihren BA (Bachelor of Arts) in Englisch an der University of Ghana und studierte anschließend Kreatives Schreiben an der kalifornischen Stanford University. Sie hat an einer ganzen Reihe von Universitäten und Forschungseinrichtungen in Ghana, anderen Teilen Afrikas und in den USA unterrichtet. Während der 1980er-Jahre war sie Erziehungsministerin in Ghana. Zu ihren bekanntesten Veröffentlichungen gehören die Theaterstücke *The Dilemma of a Ghost* (1965) und *Anowa* (1970), die Kurzgeschichtensammlungen *No Sweetness Here* (1969), *Someone Speaking to Someone* (1985) sowie *The Eagle and the*

Chickens and Other Stories (1986). Ihr erster, autobiografisch geprägter Roman *Our Sister Killjoy or Reflections of a Black-Eyed Squint* (1979) gilt als Meilenstein in der Literatur schwarzer Schriftstellerinnen aus Afrika. In der Reihe *Black Women* erschien 1998 ihr preisgekrönter Roman *Changes* (1991) unter dem Titel *Die Zweitfrau*. Heute lebt Ama Ata Aidoo einen Teil des Jahres in ihrer Heimat Ghana und einen Teil in den USA.

Lindsey Collen wurde in der Transkei in Südafrika geboren. Seit 1974 lebt sie mit ihrem Ehemann Ram Seegobin in Mauritius. Sie hat bisher fünf Romane veröffentlicht: *There is a Tide* (1991; dt. *Die Wellen von Mauritius*, 1998), *The Rape of Sita* (1994; dt. *Sita und die Gewalt*, 1997), *Misyon Garson* (1996), *Getting Rid of It* (1997; dt. *Lebenstanz*, 2000) und *Mutiny* (2000). Für *The Rape of Sita* bekam Lindsey Collen 1994 den Commonwealth Writers Prize für den besten Roman Afrikas. Ihr viel diskutiertes Werk wurde ins Dänische, Deutsche, Französische und Holländische übersetzt.

Anna Dao ist in Paris geboren und hat ihre Kindheit zusammen mit ihrem Vater, einem Diplomaten, und ihrer Großmutter in verschiedenen Ländern verbracht. Nach ihrer Ausbildung in Kanada lebte sie mehrere Jahre in Mali und arbeitete für verschiedene UN-Organisationen. In dieser Zeit produzierte sie Features für Radio Kledu und schrieb eine wöchentliche Kolumne für die Zeitung *Le Républicain*. Ende 1993 ging sie in die USA und lebt und arbeitet heute in New York.

Milla Jafta, die zunächst als Sozialarbeiterin ausgebildet wurde, arbeitet als Soziologin in Windhoek, Namibia. Sie stammt aus einer Familie von Erzählern und begann schon in der Schule zu schreiben. Dem Schreiben widmet sie sich auch heute noch jeden Tag, »aus schierer Freude am Erfinden«. Sie ist die Koautorin des Filmskripts *The Homecoming*, das Teil des Africa Dreaming Project ist. Als Laienschauspielerin beschreibt sie ihre große Leidenschaft im Leben, »die unbesungenen Heldinnen in der Welt sichtbarer zu machen«.

Farida Karodia wurde in Südafrika geboren, wo sie auch aufwuchs. 1969 ging sie nach Kanada ins Exil. Ihre Karriere als Schriftstellerin begann mit der Abfassung von Radiodramen und -stücken für die CBC (Canada Broadcasting Corporation); zudem schrieb sie für Film und Fernsehen. Zu ihren Veröffentlichungen zählen die Romane *Daughters of Twilight* (1986), *A Shattering of Silence* (1991) sowie die Anthologien *Coming Home and Other Stories* (1988) und *Against an African Sky* (1994). Ihre Geschichten erschienen außerdem in anderen Kurzgeschichtensammlungen. Sie lebt in Kanada und Südafrika.

Norma Kitson, in Südafrika geboren, ist seit über vierzig Jahren Mitglied des ANC (African National Congress). Während ihr Mann als Mitglied der Führungsriege von Umkhonto we Sizwe inhaftiert war, ging Norma Kitson mit ihren beiden Kindern nach London ins Exil. Dort gründete sie die City of London Anti-Apartheid Group und veröffentlichte 1986 ihre viel beachtete Autobiografie *Where Sixpence Lives*. Ihre Berichte, Kurzgeschichten und Rezensionen erschienen in zahlreichen internationalen Zeitungen und Zeitschriften. Außerdem hat sie die beiden Sammlungen *Zimbabwe Women Writers Anthology* und *Teardrops: The Poems of Fanuel Jongwe* herausgegeben. Sie leitete etliche Workshops zum Thema Creative Writing und veröffentlichte 1997 das Handbuch *Creative Writing*. Sie gründete außerdem die Red Lion Setters (heute: Bold Face), das erste Berufskollektiv in London, dem nur Setzerinnen angehören. Norma Kitson lebt in Harare/Simbabwe und arbeitet an einem neuen Roman mit dem Titel *Cy*.

Sindiwe Mangona ist in Südafrika geboren und wuchs in den Cape Town Flats auf. Sie arbeitete als Lehrerin und Sozialarbeiterin und zog ihre drei, inzwischen erwachsenen Kinder allein auf. Mit einem Stipendium ging sie nach New York und studierte an der Colombia University Sozialwesen. Seit 1984 arbeitet sie für die Vereinten Nationen. Sindiwe Magona hat zwei Autobiografien veröffentlicht *To My Children's Children* (1990) und *Forced to Grow* (1992) sowie mehrere Kurzgeschichtensammlungen. Ihr erster Roman erschien unter dem Titel *Mother to Mother* (1998) und thematisiert die Ermordung der amerikanischen Fulbright-Studentin Amy Biehl (1993). Zurzeit arbeitet Magona zusammen mit der Amerikanerin Laura Symons an dem Theaterstück *Vukani! (Wake up!)*, das sich um das Leben im neuen Südafrika und die Aids-Problematik in ihrer Heimat dreht. Auch ein neuer Roman und der dritte Teil ihrer Autobiografie sind in Arbeit.

Lília Momplé wurde 1935 auf der Insel Moçambique vor der Nordküste Mosambiks geboren. In Portugal machte sie ihren BA (Bachelor of Arts) im Fach Sozialarbeit. Sie hat ihr Land bei einer Anzahl internationaler Kulturorganisationen vertreten, unter anderem bei der UNESCO-Generalversammlung in Paris. 1997 nahm sie in Iowa am International Writing Programme teil und lehrte mosambikanische Literatur in den USA und Frankreich. Sie hat zwei Kurzgeschichtensammlungen veröffentlicht: *One Killed Suhura* (1988) und *The Green Eyes of the Cobra* (1997) sowie den Roman *Neighbours* (1995) und ein TV-Fernsehspiel mit dem Titel *Muhipiti – Alina* (1998). Lília Momplé ist Präsidentin der mosambikanischen Schriftstellerorganisation und Vorstandsmitglied des Southern African Writers' Council.

Chiedza Musengezi, Jahrgang 1954, wuchs in Simbabwe, dem ehemaligen Rhodesien, auf. Sie hat an der Universität von Simbabwe in der Hauptstadt Harare studiert. Chiedza Musengezi hat bereits mehrere Kurzgeschichten und Gedichte in Anthologien der Zimbabwe Women Writers (ZWW) publiziert; ihr eigener Kurzgeschichtenband trägt den Titel *A Photo for Santa*. 1993 nahm sie am Iowa International Writing Programme teil. Sie arbeitete zunächst als Lehrerin, bevor sie in verschiedenen Verlagen Lektorin wurde. Seit 2001 leitet Chiedza Musengezi die ZWW.

Melissa Tandiwe Myambo stammt aus Simbabwe und studiert Vergleichende Literaturwissenschaften in New York. Ihre Werke erschienen im *Journal of African Travel Writing*. *Deciduous Gazettes* (dt. *Bruchstücke*) wird auch in der Sammlung *Jacaranda Journals* publiziert werden.

Gugu Ndlovu wurde 1976 als Tochter einer Kanadierin und eines Simbabwers in Sambia geboren. Die Familie zog nach der Erreichung der Unabhängigkeit 1980 nach Simbabwe. 1994 ging Gugu Ndlovu in die USA, um an der Howard University in Washington D.C. zu studieren. Sie lebt und arbeitet heute in New York. Gugu ist verheiratet und hat einen Sohn.

Ifeoma Okoye unterrichtet Englisch an der renommierten nigerianischen Nnamdi Azikiwe University in Akwa. Ihrem preisgekrönten Roman *Behind the Clouds* (1983) folgten zwei weitere Romane: *Men Without Ears* (1985), der den Best Fiction Award der nigerianischen Verlegervereinigung gewann und ins Russische übertragen wurde, sowie *Chimere* (1992). Sie hat außerdem Kinderbücher veröffentlicht, von denen zwei mit Preisen ausgezeichnet wurden: *Village Boy* (1978) und *Only Bread for Eze* (1985). Drei ihrer Kinderbücher wurden ins Kisuaheli übertragen. Ifeoma Okoye lebt mit ihrem Mann, einem Nationalisten und Schriftsteller, und ihren Kindern in Enugu.

Monde Sifuniso, Jahrgang 1944, wuchs in der westlichen Provinz Sambias auf, früher bekannt unter dem Namen Barotseland. Zu ihrer Ausbildung gehört auch eine Lehramtsbefähigung des University College of Rhodesia and Nyasaland, ein Schulfunk-Zertifikat der Australian Broadcasting Training School sowie ein Diplom für Verlagswesen der Oxford Brookes University. Sie ist Mitherausgeberin und Autorin einer Kurzgeschichtensammlung mit dem Titel *The Heart of Women* (1997) sowie eines Buches über Politikerinnen in Sambia: *Woman Power in Politics* (1998). Ihre Forschungsarbeit über die Gesundheitsvorsorge der Menschen im Westen Sambias wurde unter dem Titel *Talk About Health* (1998) veröffentlicht. Monde Sifuniso ging 1997 als Verlegerin der University of Zambia in Pension. Sie ist Präsidentin der Zambia Women Writers' Associaton und die Pressesprecherin des Koordinationskomitees der Nichtregierungsorganisationen.

Véronique Tadjo wuchs an der Elfenbeinküste auf und machte ihren BA (Bachelor of Arts) in Englisch an der Universität von Abidjan. Danach promovierte sie in Afro-amerikanischer Literatur an der Pariser Sorbonne. 1983 bekam sie ein Fulbright-Stipendium für die Howard University in Washington D.C. und arbeitete bis 1993 als Lektorin an der Universität von Abidjan. Für ihren Gedichtband *Latérite* (veröffentlicht 1984) bekam sie bereits 1983 den Literaturpreis der Agence de Coopération Culturelle et Téchnique. Außerdem hat sie drei Romane veröffentlicht: *A Vol d'Oiseau* (1992), *Le Royaume Aveugle* (1992) und *Champs de Bataille et d'Amour* (1999). Auch für Kinder hat Véronique Tadjo etliche Bücher geschrieben und illustriert. Nach Stationen in Paris, Lagos, Mexico City, Nairobi und London lebt die Kosmopolitin heute mit ihrer Familie in Südafrika.

Yvonne Vera, geboren in Simbabwe, wuchs in Bulawayo nahe der Grenze zu Botswana auf. Sie studierte an der kanadischen York University, wo sie auch promovierte. Heute leitet sie die Außenstelle der National Gallery of Zimbabwe in ihrer Heimatstadt. Yvonne Vera ist als Autorin der Romane *Nehanda* (1993, dt. *Nehanda*, 2001), *Without a Name* (1994; dt. *Frau ohne Namen*, 1997), *Under the Tongue* (1996) sowie *Butterfly Burning* (1998; dt. *Schmetterling in Flammen*, 2001) hervorgetreten. Zudem hat sie in Kanada 1992 die Kurzgeschichtensammlung *Why Don't You Carve Other Animals* (dt. *Seelen im Exil*, 1997) veröffentlicht. Für ihr Werk ist sie bereits vielfach geehrt worden. So wurden die Romane *Without a Name* 1995 und *Under The Tongue* 1997 von der Vereinigung der Verleger Simbabwes ausgezeichnet. 1997 erhielt sie für *Under The Tongue* auch den Commonwealth Writers Prize (Africa Region). 1999 wurde Yvonne Vera in Göteborg der schwedische Literaturpreis *The Voice of Africa* überreicht.

Danksagung

Der Verlag dankt den folgenden Rechteinhabern für die Abdruckgenehmigungen:

Ama Ata Aidoo für »The Girl who Can«, erschienen in der Kurzgeschichtensammlung »The Girl who Can«; Melissa Tandiwe Myambo für »Deciduous Gazettes«; Lindsey Collen für »The Enigma«; Farida Karodia für »The Red Velvet Dress«; Norma Kitson für »Uncle Bunty«; Véronique Tadjo für »The Betrayal«, einem Auszug aus ihrem Roman *A Vol d'oiseau*; Leila Aboulela für »The Museum«, das zunächst in *Ahead of its Time*, hg. von Duncan McLean (Jonathan Cape, London 1997) erschien; Ifeoma Okoye für »The Power of a Plate of Rice«; Lília Momplé für »Stress«; Sindiwe Magona für »A State of Outrage«; Chiedza Musengezi für »Crocodile Tales«; Monde Sifuniso für »Night Thoughts«; Gugu Ndlovu für »The Barrel of a Pen«; Anna Dao für »A Perfect Wife«, © Anna Dao, 1999; Milly Jafta für »The Home-Coming«, das zuerst in der Sammlung *Coming for Strong* im Verlag New Namibia Books, Windhoek, erschien.